佛洛伊德

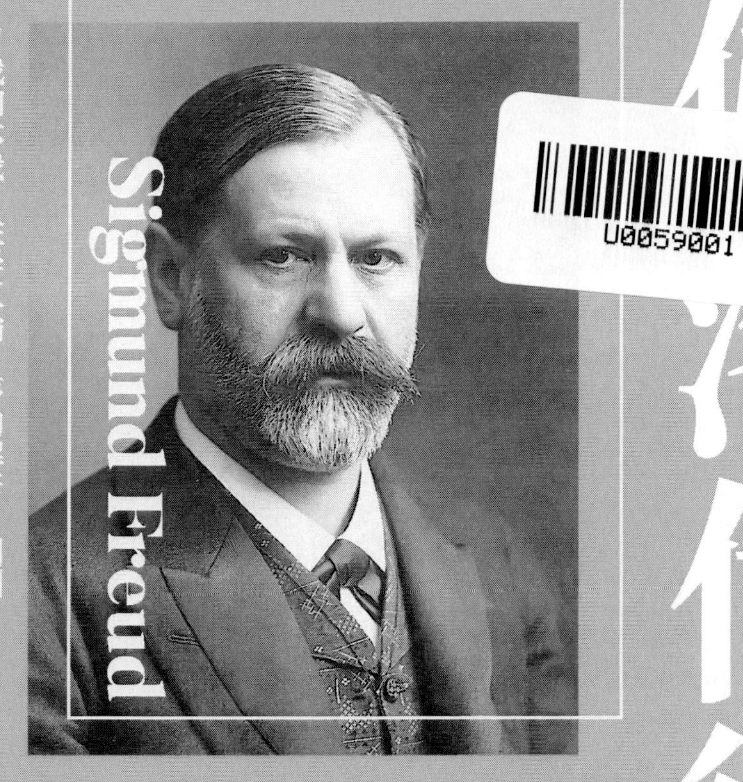

自我和本我×性學三論×夢的解析，開創
精神研究藍圖，挑戰學術底線，心理學界的革命者

精神分析之父

精神分析學派創始人×20世紀最有影響力和爭議的心理學家之一

他發表《夢的解析》，被後人譽爲三大思想革命之作，
他寫下《性學三論》，直指「性慾乃人類一切成就之源泉」，
他建立自由聯想法，以全新的心理治療讓人類了解自己，
他向內探索，開發人心意識的奧祕，影響心理分析至今……

美國心理學家托馬斯·黎黑：
「如果一個人的偉大程度可以用他對後世的影響來衡量，
那麼佛洛伊德無疑是最偉大的心理學家。」

許奕廷，王志豔 著

目錄

目錄

序

西格蒙德·佛洛伊德（Sigmund Freud，西元 1856-1939 年），近代奧地利著名的精神科、神經科醫生，世界著名的心理學家，精神分析學派創始人。

西元 1856 年，佛洛伊德出生在奧匈帝國的弗萊堡小鎮，4 歲時跟隨全家遷往維也納，此後幾乎在那裡度過一生。少年時期的佛洛伊德就智慧超人，讀書時更是出類拔萃。1881 年，他在維也納大學獲得醫學學位，在隨後的 10 年中，他開辦了個人診所治療神經類疾病，同時開始致力於生物學的研究。

西元 1895 年，他的第一部論著《歇斯底里症研究》（*Studies on Hysteria*）出版。此後的 1900 年，他的第二部論著《夢的解析》（*The Interpretation of Dreams*）問世，這也是佛洛伊德所寫的最具有創造性、歷史意義的論著之一。儘管此書初始滯銷，但透過這部著作，卻大大提高了佛洛伊德的聲望。

此後，佛洛伊德繼續有關神經性疾病和心理學的研究，並陸續出版著作，還在維也納成立了心理學研究小組，名為「星期三學會」（Psychologische Mittwochs-Gesellschaft），並因為作品的普及而前往美國學術講座，逐漸成為知名人士。

序

佛洛伊德的一生可謂備嘗艱辛，但他百折不撓，在所有人都懷疑他的觀點時，他始終忠於自己的理想，不放棄自己的追求。他所創立的精神分析學，曾多次受到學術界權威們的蔑視和社會上的冷遇；他的老師、同事、朋友也先後在他最艱難時離開他；他為發展精神分析學而創立的國際學術組織內部也是不斷分化，矛盾重重，但這一切都沒有阻止他對精神分析學的研究和探索，直至最終碩果纍纍。

晚年時期，佛洛伊德患上了嚴重的口腔癌，在去世前的16年中，先後進行了30多次手術。他默默忍受著巨大的痛苦，繼續研究、寫作，從未動搖過自己的信念和理想。他以頑強的毅力和偉大的獻身精神，將追求真理的旗幟豎立在人生航船的桅杆上，闖過激流，越過險灘，最終在人類的醫學史上留下了光輝的篇章。

雖然佛洛伊德的理論至今仍有爭議，甚至未能贏得科學界的普遍認同，但不可否認的是，他仍然是人類思想史上的一位極其偉大的人物。

本書從佛洛伊德的兒時生活開始寫起，一直追溯到他所研究的各項精神成果以及所取得的偉大成就，再現了佛洛伊德傳奇色彩的一生，旨在讓讀者們了解這位醫學家、科學家不平凡的人生經歷及高尚人格，從中汲取他對自己理想執著不懈的追求精神，以及面對困難和病魔時那種毫不屈服的頑強毅力。

第一章　猶太血統的少年

人生就像弈棋，一步失誤，全盤皆輸，這是令人悲哀之事；而且人生還不如弈棋，不可能再來一局，也不能悔棋。

—— 佛洛伊德

(一)

在世界歷史上，流浪於歐洲大部分地區的猶太人長年都飽受苦難。從西元前 6 世紀以後，大批的猶太人先後流落到中亞、西南亞和歐洲地區。西格蒙德．佛洛伊德曾在自己的自傳中寫道：

> 「我的父母都是猶太人，我也有這一血統。祖輩很早就在萊茵河(科隆，德國西部萊茵河畔的名城和重工業城市)定居生活；由於 14、15 世紀那裡對猶太人大肆迫害，他們才不得不背井離鄉，向東逃難；到了 19 世紀，他們又離開立陶宛，穿過加西利亞，遷返到德奧故地。」

歐洲各地的猶太人在漫長的歷史中所受到的歧視、侮辱和迫害，以及猶太人勇敢爭鬥的頑強精神，對佛洛伊德的一生都產生了重大的影響。這種精神力量，曾經喚起他繼承先輩們那種為保衛神殿所具備的那種蔑視一切態度，堅定了他為歷史上那個偉大時代獻身的信念和決心。

西格蒙德．佛洛伊德的父親雅各．佛洛伊德 (Jacob Koloman Freud) 是一位心地善良、樂於助人的猶太商人。後來，佛洛伊德在談到他父親的為人時說，他就像狄更斯 (Charles John Huffam Dickens) 的小說《塊肉餘生記》(*David Copperfield*) 中的人物米考伯那樣，是個樂天派，「始終都充滿著希望期待未來」。

西元 1855 年，雅各和比自己小 20 歲的猶太女孩安美妮·娜丹森（Amalia Malka Nathansohn Freud）結婚。在這之前，雅各結過兩次婚，兩位前妻各留下一個兒子：大兒子名叫伊曼努爾，生於 1832 年；小兒子名叫飛利浦，生於 1836 年。安美妮那時也只有 20 歲，與她的繼子差不多一樣大，甚至比她的繼子看起來年輕。

雅各與安美妮結婚的第二年，即西元 1856 年 5 月 6 日，安美妮在摩拉維亞的一個名叫弗萊堡（今屬捷克）的小鎮裡，生下了一個好看的男孩，他就是日後享譽世界的偉大思想家西格蒙德·佛洛伊德。

佛洛伊德的祖父斯洛莫在佛洛伊德出生前 3 個月去世了。父親雅各為了紀念自己的父親，最初幫佛洛伊德取的名字為斯洛莫。

那時，弗萊堡還是奧匈帝國摩拉維亞省的一座小城市。在佛洛伊德出生前，全市僅有幾條街，居住著大約 5,000 人。隨著社會的進步，這裡的小型工廠、手工工廠逐漸發展起來，在這樣的條件下，雅各經營的毛織品生意勉強維持一家人的生活。

幼年時期的佛洛伊德是很幸福的，一是因為家境還算過得去，二是因為父母對他都十分寵愛。在佛洛伊德幼小的時

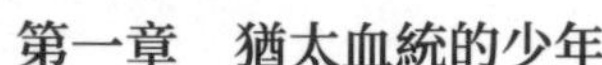

候，父親雅各還專門為他請了一位保姆來照顧他。

這位保姆給佛洛伊德留下了很深的印象，以至在成年後還對她記憶猶新。佛洛伊德後來回憶說，這位保姆名叫娜妮，信奉天主教，年紀較大，但很聰明。幼年時期那些關於天堂、地獄和《聖經》中那些激動人心的故事，佛洛伊德都是從這位保姆口中聽到的。

佛洛伊德很喜歡這位保姆，但遺憾的是，這位保姆沒能長期與他生活在一起。據說在佛洛伊德 3 歲的時候，她因偷竊的嫌疑被辭退了。對此，佛洛伊德在其著述中多次表示惋惜。

母親安美妮十分寵愛佛洛伊德，對佛洛伊德的一生產生了深遠的影響。安美妮活潑、聰慧。她一生共生育了 7 個孩子：兩個男孩和 5 個女孩，佛洛伊德排行老大，也是 7 個孩子中天賦最高、智慧最出眾的一個。

因此，安美妮對這個兒子寄予了厚望，希望他長大後能出人頭地。佛洛伊德後來在回憶母親時說：「母親在和兒子的關係中總是給予無限的滿足，這是最完全、最徹底擺脫人類既愛又恨的矛盾心理。」

與此同時，弗萊堡優美的自然景觀和猶太人的意識形態對佛洛伊德以後的生活也產生了影響。從喀爾巴阡山一直延伸到他家附近的茂密森林，是他孩提時經常與父親一起去的地方，喜愛大自然風景的強烈情感在他的內心不斷滋長著。在成年後，佛洛伊德回顧這段時光時說：「這些都使我滿足了智力上和美學上的需求。」

（二）

就在佛洛伊德在弗萊堡快樂健康成長時，弗萊堡卻忽然刮起了反對猶太人的聲浪。一直以來，猶太人雖然生活在氣氛自由的小商業城鎮裡，人們和鄰里之間也都相處融洽，但他們的生活卻總是戰戰兢兢，唯恐隨時會遭遇不測。

而這次反對猶太人的風潮也給平靜的小鎮帶來了災難。就這樣，溫暖祥和的家庭生活被打破了，佛洛伊德幼年的幸福生活也戛然而止。

西元 1859 年 6 月，父親雅各匆匆帶著全家離開了弗萊堡。這次遷徙，他們的目的地是漢堡，但在途中聽說漢堡也發生了反猶騷動，雅各只好帶著全家折返德國薩爾森區的萊比錫。

等到反猶騷亂逐漸平息後，全家已經離開弗萊堡一年了。那裡的家業已經被毀，生意也已凋落，該到哪裡安家呢？面對一家老小，雅各對未來產生了深深的憂慮。

最後經過商量，佛洛伊德的兩個異母哥哥決定去英國發展，而 4 歲的佛洛伊德跟隨父母走向了維也納。在維也納，佛洛伊德生活了將近 80 年，直到他臨去世的前一年，因躲避納粹迫害匆匆離開維也納前往英國避難為止。

維也納是一座美麗的城市。在那裡，蔚藍色的多瑙河波光蕩漾，綠樹成蔭的街道風光格外迷人。佛洛伊德剛剛到維也納時，住在萊奧波爾斯塔特區的波菲爾街。這裡是維也納猶太人聚居的地方，街道狹窄，房屋擁擠，空氣汙濁。這一切，與美麗維也納的自然風光和寬闊優雅的貴族居民區形成了鮮明的對比。

但在奧匈帝國的首都，貧窮也總比在外省的小城市受到的屈辱和欺負要少一些，雅各也只好安然認命了，甚至還覺得比起昔日的流亡生活來說，日子好過多了。

雖然天性樂觀，但在維也納，雅各的運氣並不太好。面對資金雄厚、經營多年的眾多商家，要在這裡重新打拚出頭談何容易。無奈之下，雅各只好成為別人的雇員，並且時刻都面臨著被辭退的危險，雖然他偶爾還做些羊毛和棉布的生意，但這也只是為他人作嫁衣裳罷了。

總之，來到維也納後，一家人的生活拮据。佛洛伊德在回憶自己從 4 歲到 7 歲的生活經歷時說：「那是一段艱難的時期 —— 不值得回憶。」

佛洛伊德聽說他的兩個異母哥哥在英國的曼徹斯特開了毛織品工廠，並迅速發展起來，這讓佛洛伊德十分羡慕。他曾多次嚮往英國，長大後也不曾改變，在他的心目中，英國是一個充滿自由、光明的國度，以至在把這個美好的嚮往和當時維也納地區嚴酷現實的對比，一直都感到心情不快。

（三）

佛洛伊德自小就是在家中啟蒙受教育的，他的啟蒙老師就是自己的父母。母親是教他識字讀書的第一位老師。在 5 歲的時候，佛洛伊德已經能閱讀帶有文字說明的畫冊了。

成年後，佛洛伊德對當時父親送給他的一本關於到波斯旅行的彩色故事畫冊還記憶猶新，津津樂道。他在《夢的解析》中說：

> 「這本畫冊的引人入勝和翻閱它的快樂，幾乎是我們關於那個時代的唯一記憶 —— 在我的回想中，它塑造了我的價值觀。後來在學生時期，對於書籍總是有一股熱情……在回想平生時，我總是把這最初的熱情歸結於這一清晰的童年印象，甚至把這童年的場景認作我愛好書籍的一種『封面性』紀念。」

到了六、七歲時，隨著求知欲望的增加，父親雅各漸漸取代了母親的教師角色，開始傳授佛洛伊德一些更加嚴肅、艱深的學問 —— 宗教知識。而這種啟蒙教育的課本就是《聖經》。

佛洛伊德的父母都是虔誠的猶太教徒，因此，父親授之以《聖經》的意圖不言自明：既使佛洛伊德習得知識，又為之建立信念。

然而有違父親初衷的是：佛洛伊德終其一生都是一位無神論者。不過，這並不妨礙他從《聖經》中汲取各種的知識。閱讀《聖經》開拓了佛洛伊德的求知視野，培養了他的閱讀愛好，也增加了他的歷史、人文等知識。

不過，《聖經》對佛洛伊德更為深刻的影響在於：無論是書中的故事，還是故事中的人物，抑或是《聖經》所揭示的人生境界、道德理想等，都持續影響了他的一生。正如佛洛伊德自己所說的那樣：

「很久以後我才意識到，我之所以全身心投入於《聖經》故事的閱讀（幾乎與我掌握閱讀技巧同步），持續影響了我對於興趣的選擇。」

當然，父親也不是無償教授佛洛伊德的，佛洛伊德需要付出代價——以輔導妹妹的學習作為代價。

在教授妹妹的過程中，佛洛伊德表現出認真、負責，甚至是嚴厲的老師的態度。這對於一個尚處於貪玩年齡的男孩子來說，不能不說一副沉重的擔子，但對於培養佛洛伊德的能力、責任感，促進他的成長來說，這也未嘗不是一件好事。

持續的閱讀也增進了佛洛伊德的語言能力，並使他逐漸顯露出在語言上的天賦。年少時，他甚至已初涉莎士比亞（William Shakespeare）的英文作品，既沉浸於莎翁作品的精妙內容，又痴迷於英文的學習和訓練。

9 歲時，佛洛伊德又開始學習法語，一直到能夠熟練閱讀法語著作。可以說，佛洛伊德對語言的興趣整整持續了一生，除了熟悉母語 —— 德語和他祖先的語言 —— 希伯來語，以及英語、法語之外，他還認真學習並掌握了拉丁語和希臘語。之後，他又自學了西班牙語和義大利語。在語言上的嫻熟應用，對佛洛伊德來說可謂是廣博了他的知識，開拓了他的視野，使他終生都受益無窮。

在 10 歲以前，佛洛伊德基本都是在家裡受教育的。自從離開母親的懷抱後，一直都是父親負責他的教育。但父親雅各的教育程度較低，他的知識一部分來自猶太教的法典，一部分來自自己的生活經驗，這也決定了他的知識的有限性和狹隘性。

但佛洛伊德的天賦，對父親教授給他的知識都能理解，而且他還有很強的分析能力。在這種家庭教育中，佛洛伊德與父親的關係比以往更深了。如果說，在這之前他們之間只有父子感情，此後他們又增添了師徒感情。

第二章　中學和大學

沒有一個沒有理智的人，能夠接受理智。

——佛洛伊德

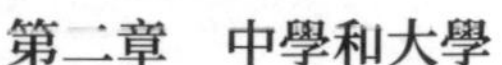

(一)

由於佛洛伊德從小就受到了良好的家庭教育，加上幼年時非凡的天資和平時的努力自修，9 歲時，他就以優異的成績通過了中學入學考試，進入施帕爾中學學習，這要比標準的中學入學年齡提前了一年。

當時的德國和奧匈帝國的中學都是 8 年制，在這一時期，不僅要完成中學的全部課程，還要修完大學預科的基本課程。從中學入學到畢業，佛洛伊德一直都是品學兼優的優等生，學習成績常常都名列前茅。正如他後來在自傳中所說的：「在中學裡，我在班上連續 7 年都名列前茅，並曾經享受過一些特別的優待，幾乎所有的課程都免試通過。」

在中學階段，佛洛伊德接受的是嚴格的古典文化教育。拉丁文和希臘文的扎實學習使他開闊了眼界，讓他看到了古代的世界，因而也讓他對考古學發生了興趣。他還可以用簡單的詞句表達複雜觀念的能力，其他同學大多都難以望其項背。

佛洛伊德還對自然科學產生了興趣，這是由他在 11 歲時從學校獲得的獎品《動物的生命史》一書引發的，他經常到城郊的森林中散步，搜集植物和花卉的標本帶回家。

和其他同齡的男孩子一樣，佛洛伊德也被各種軍事冒險所吸引，他最早讀的書中，有一本是法國作家迪亞爾的《帝國和執行官的歷史》。許多年後，他還記得他是怎樣在木頭步兵背上貼上標籤，然後在上面寫著拿破崙（Napoléon Bonaparte）手下大將的名字。拿破崙是他早年時期心目中的英雄人物，他將拿破崙的英雄事蹟背誦得滾瓜爛熟。

在中學階段，佛洛伊德具有強烈的求知慾，這為他以後的科學研究奠定了堅實的知識基礎。

不僅努力學好學校開設的課程，他還千方百計以課本中所涉及的知識內容為線索，廣泛閱讀各種課外讀物。這些書籍的知識涉及到歷史、文學、地理、數學、物理、化學和外語等多門學科。

在閱讀這些學科內容時，佛洛伊德總是善於思考，勤於探索，喜歡從那些好像沒希望解決的難題中找到突破口，然後按照問題本身固有的邏輯去分析，直至條理清晰，問題得到解決。

可以說，佛洛伊德從小就很會訓練和培養自己的創造性思維，在學習中喜歡創造問題本身所沒有的、有利於解題的條件，然後借助於這些條件，使令人費解的難題迎刃而解。

在學校裡，佛洛伊德從來不把讀書和思考看成負擔，他不但把讀書和學習視為生活的重心，還善於逐步總結和摸索有效的學習方法。

在家裡，他還經常輔導妹妹們的功課，指導她們學習和鞏固已學過的知識。他的妹妹安娜在 15 歲時要閱讀巴爾札克

(Honoré de Balzac)和大仲馬(Alexandre Dumas)的小說，佛洛伊德勸她不要太早看這些書。儘管這種勸說不一定正確，但由此可以看出他對小時候學習方法的認識，那就是集中精力，打好基礎。

在學習中，佛洛伊德還善於與其他同學討論問題，有時甚至會為書中的一個問題與同學激烈爭吵。在妹妹安娜的記憶中，哥哥帶回來的男孩子都是喜歡切磋功課的朋友而非玩伴。由此我們也可以看出：少年佛洛伊德是一個用功、執著、決心想要成功的男孩子。

佛洛伊德還十分喜歡歌德(Johann Wolfgang Von Goethe)的作品。歌德那膾炙人口的詩歌、小說和戲劇對他的性格和思想影響很大。例如，歌德在一首詩中寫道：

誰要做大事，
就必須聚精會神，
在限制中才顯露出能手，
只有法則才能夠讓我們自由。
……

這鏗鏘有力的詩句，對佛洛伊德發奮學習、建立崇高的理想和抱負產生了重要影響。

佛洛伊德還特別推崇莎士比亞。當他 8 歲時，他就開始看莎士比亞的作品，並將其中精彩的部分摘抄下來，背得滾瓜爛熟。他十分喜歡莎士比亞作品中的那些精湛的語言表達和對事物及人生的深刻理解。

（二）

西元 1870 年，普法戰爭爆發。當時，佛洛伊德已經 14 歲。他對這場戰爭產生了濃厚的興趣，密切關注著戰局的發展。據他的妹妹安娜說，在戰爭期間，佛洛伊德的書桌上一直攤著一張戰場地圖，他還用小旗標誌表示戰爭的情況。

佛洛伊德還經常激動向妹妹們講述戰爭的情況，以及軍隊一舉一動的重要性，並說明各場戰鬥的意義，他幻想著自己長大以後能夠成為一名將軍。

但後來，佛洛伊德的這個願望慢慢消失了，尤其是在 23 歲參軍一年後，佛洛伊德完全失去了從軍的興趣，轉而對科學研究產生了興趣。

從西元 1860 年一家人遷往維也納起，佛洛伊德的生活也開始走出狹小的天地。這主要從兩方面說起：

一方面，佛洛伊德一家在到達維也納後，開始生活在歐洲的中心。雖然他們生活的地方並不繁華，但維也納作為歐洲的政治、交通和文化的中心，還是大大開擴佛洛伊德的眼界了。和偏僻的弗萊堡相比，這裡可以看到和聽到發生在世界上，特別是歐洲各國的重大事件。此時的佛洛伊德還只是一名少年，但他在智力和知識過人水準，讓他能夠敏銳感受到歷史前進的脈搏，這裡顯然也成為他成長的出發點。

另一方面，從西元 1860 年起到 1873 年佛洛伊德畢業於大學預科為止，恰好是世界歷史和歐洲歷史，尤其是德意志歷史發生突變的時期。發生在這十幾年間的政治事件、經濟改革及科學發展等，一個接一個震撼佛洛伊德平靜的生活，使他感受到了一種無形的精神鼓舞力量，從而推動他更加勤奮學習各種文化知識，這樣的生活環境無疑也成為佛洛伊德未來發展的精神源泉。

西元 1872 年，16 歲的佛洛伊德已經是一個風度翩翩、神采飛揚的少年了。除了濃黑的頭髮和明亮晶瑩的大眼睛外，他還有著自信的神情。

這年，佛洛伊德花了一年的時間苦讀，為升入大學做準備。他最初選擇的科系是法律，主要因為它能夠開啟通往政界的大門，那是一個猶太人可以發揮影響力的少數場所之一。當時，與佛洛伊德來往密切的高年級同學海因里希·布勞恩（Heinrich Braun）是個打算涉足政界、在政壇上一展身手的年輕人。

日後，布勞恩果然成為德國最著名的社會主義者之一。布勞恩去世後，在給其遺孀的信中，佛洛伊德描述了當年他們之間的友誼和布勞恩對他的影響：

> 在大學預科期間，我們是形影不離的朋友，下課後的所有時間我們都是一起度過的，那時，我們並不能分清楚我們所追求的目標和方法。後來我逐漸認識到，他的目標從根本上是不對的。但有一點是確定：我願意與他一起工作，我絕不能丟開他。在他的影響下，我那時也決定進入大學學習法律。

但是，在西元1873年初，佛洛伊德就改變最初的打算。原因是他聽了一次演講，演講人朗誦了一小段歌德所寫的《談大自然》的詩，讓佛洛伊德最終下定決心放棄法律，轉而選擇到醫學院註冊學習。

不過，佛洛伊德所決定的放棄法律選擇了自然科學，而不是醫學。因為此後，佛洛伊德在很多的場合都說過他並不是很喜歡醫學：「不論在彼時，還是在此後，我從未對醫生這個職業產生過興趣。」

不過，這位少年後來卻成為世界上最著名的醫生，這與他最初的想法顯然是不太一致的。

從法律一下子轉學自然科學，佛洛伊德的行為被後人解釋為從管轄人類轉移到控制大自然。此外他還有別的考慮，比如他家裡的經濟狀況能支持嗎？那些一板一眼的法律辯論真的吸引我嗎？

（三）

經過一年的學習，佛洛伊德以極高的分數通過了大學入學的考試。西元 1873 年秋，剛滿 17 歲的佛洛伊德踏入了維也納大學醫學院的大門。

按照標準，佛洛伊德算不上一個優秀的學生，這從他比別人遲 3 年，直到 1881 年 25 歲時才從醫學院畢業這一點或許可見一斑。

之所以在大學滯留時間這麼長，主要由於佛洛伊德在步入大學後，並沒有改變他淡漠醫學的心，仍然廣泛涉獵其他學科。

尤其是在大學的前 3 年，他更是興之所至，除了學習解剖學、顯微鏡實習、生理學等專業課程以外，還學習了許多與他後來的專業不甚相關的課程，如化學、礦物學、植物學等。

此外，動物學家克勞斯講授的動物學、生物學與達爾文主義等課程，也引起了他的極大興趣。在大學二年級時，佛洛伊德不滿足醫學系的動物學課程，還選修了動物學系的課程。

另一方面，佛洛伊德不斷加深對哲學的興趣。哲學這門課程即使是按照學校的規定，也只應修習兩年，而佛洛伊德直到三年級時，仍然每週一次準時出現在奧地利著名哲學家、公認的意動心理學創始人、哲學教授弗朗茲·布倫坦諾

（Franz Brentano）所開設講座的課堂上。

布倫坦諾所宣導的意動心理學主張，精神現象是看、聽、說、思考等活動，而非感、知、覺等內容。意動心理學是一種經驗心理學，重視經驗的觀察而輕實驗。這種意動心理學思想日後對佛洛伊德的影響頗大，在其著名的著作《精神分析引論》（*Introduction to Psychoanalysis*）中，佛洛伊德就曾指出過：

> 「你們常將機體的機能和失調建立在解剖學的基礎上，用物理化學來加以說明，用生物學的觀點作進一步的解釋，而從來不注意精神層面的生活，不知道精神生活是最後發展的結晶。」

從這番話中可以清楚看到布倫坦諾思想的痕跡。在大學的整個求學過程中，佛洛伊德似乎都與布倫坦諾密切聯繫，他還曾應布倫坦諾的邀請，將約翰·史都華·彌爾（John Stuart Mill）討論柏拉圖哲學和一些社會問題的作品譯成德文。

在各個學科之間遊蕩，並且注意力不時轉移的情形幾乎整整持續了 3 年。後來，佛洛伊德自己似乎對這種學習方式有所反省：

> 「在大學的開始幾年，我終於明白了，由於能力的性質以及局限，使我在年輕時急於獻身的許多科學領域均未獲得成功。」

在這一期，還有一件荒唐的事發生在他的身上，在大學三年級的時候，他為了一場無謂的爭執與他人決鬥，幸虧沒造成什麼難以收拾的後果，這也是佛洛伊德一生當中唯一一次決鬥。

在大學的這些表現固然與佛洛伊德無意做濟世良醫有關，但另外一個原因同樣不可忽視，就是入學之初佛洛伊德對於校園生活抱持反感。

在進入維也納大學之初，一件事時時在困擾著佛洛伊德，讓他對大學生活倍感失望，那就是：大學校園中時刻都彌漫著歧視、排斥猶太人的風氣。這讓身為猶太人的佛洛伊德不時感到壓力。

其實與 18 世紀比起來，19 世紀歐洲人歧視猶太人的心理已有所減弱，排斥猶太人的行為也有所收斂。尤其是在維也納這樣的國際性大都市，維也納大學這樣歐洲著名的高等學府情況更要好得多，但這並不意味著這種事情不存在。作為一個極其敏感的人，佛洛伊德對這種事十分在意，所以他也不時感到若有若無的提醒：因為他是猶太人，所以就必須自覺低人一等，自甘於主流之外。

這些讓佛洛伊德反感大學生活，甚至殃及到他對醫學課程的興趣，卻也在他的心理中醞釀著一種特立獨行、我行我素的人格特質。

不過，這種壓抑不但沒有讓佛洛伊德氣餒退縮，反而激發了他的鬥志，進一步助長了他叛逆的氣質，使他習慣批評和反動派的立場，並以此為榮，而將站立在他對面的多數人譏諷為「密集的大多數」。

或許這也正是佛洛伊德孕育出勇氣和能力的契機。從意義上來說，福禍是相倚相隨的。

(四)

自從二年級增加了動物學和生物學後，佛洛伊德逐漸喜歡上了生物學，每週都到克勞斯教授的實驗室做 10 多個小時的實驗。

克勞斯教授是西元 1874 年從德國的哥廷根大學來到維也納大學的，對動物學，尤其是海洋學有著較深的造詣。在來維也納大學的第二年，他就在迪利亞斯特建立了一所動物實驗站，優秀的學生可以每年到那裡學習兩次。

西元 1876 年初，佛洛伊德作為第一批選派的優秀學生到迪利亞斯特實習和海濱考察，這更加引起了他對生物學的注意和興趣。這年秋，佛洛伊德從迪利亞斯特實習回到學校後，由於必修生理學，他便進入布呂克教授的生理研究所。在佛洛伊德一生的科學生涯中，這是很重要的轉捩點。

恩斯特·布呂克（Ernst Wilhelm Ritter von Brücke）

是一位有過人智慧的生理學教授。西元 1849 年，他從科爾斯堡大學來到維也納大學，維也納大學給他開出了高得驚人的薪水，並給他一間寬敞的辦公室。

但為了科學研究和實驗，布呂克教授卻主動搬到街角的一間舊兵器作坊裡。房子破舊不堪，沒有自來水和煤氣，用水只能拿水桶到外面的水井中打。有的房間還沒有窗戶，光線陰暗，但布呂克教授憑藉自己的聰明才智和獻身精神，在這座破舊的房子裡建起了中歐最具影響力的生理研究所。

他在大房間中放了顯微鏡，讓學生們在那裡觀察和實驗；小房間用來做學生的實驗室。在院子裡，他還搭建了一個棚子，用來養實驗用的小動物。

就是在這樣一個陳設簡陋的實驗室，培養出了許多世界一流的科學家。

自從遇到布呂克後，佛洛伊德追求科學真理的熱情更加澎湃，人生航程的目標也更加明確。他後來回憶說：

「在布呂克教授的研究所，我才找到了歸宿和滿足，同時也找到了我應該敬慕並可奉為楷模的人。」

在生理研究所，布呂克教授不僅教給佛洛伊德腳踏實地、矢志不移，而且還將自己的學術觀點和思想傳遞給他。

在西元 1874 年《生理學講義》一書中，布呂克教授將一切有機物的活動，包括人的活動，都歸納為「力的吸引和排斥」。這一觀點是 1870 年科學界流行的觀點，不僅影響著佛洛伊德的生理學研究，而且對他後來創立精神分析學的動力心理學內容，也產生了很大的影響。

布呂克教授指定佛洛伊德研究神經細胞組織學中有關神經元素的內部結構、高等動物神經系統的組成，以及與低等動物神經細胞的差別等問題。佛洛伊德第一個研究課題，是鱔魚的生殖腺結構，這是自亞里斯多德（Aristotle）以來一直都沒有解決的問題。

為了研究這個課題，佛洛伊德解剖了 400 多條鱔魚，終於將這一研究向前推進了一步。西元 1877 年，他寫出了第一篇科研論文《鱔魚生殖腺的形態和結構》，受到了布呂克教授的稱讚，隨後被推薦發表到科學院學報上。

第二年，佛洛伊德又開始研究蝲蛄（一種淡水龍蝦）的神經細胞。在研究過程中，他運用當時最先進的研究手段 —— 顯微鏡觀察活體組織，在神經生理學史上第一次發現並論證了神經纖維的理論。對此，布呂克教授認為，這一成果「已經遠遠超過一名新手的水準」。

佛洛伊德在追隨布呂克教授後，掌握了觀察問題的基本功，為了深入研究神經纖維的基本結構，他十分注重改進研究的手段和方法，也勇於打破陳規，大膽改進傳統的實驗方法。

科學的觀察和實驗離不開理性的支配。隨著深入的不斷研究，佛洛伊德也越來越察覺到理性思維在觀察實驗中的重要性。但要將二者結合起來，不僅需要從感性的直觀上升到理性的抽象，還需要想像、猜測、聯想等形象思維。為此，他決心在科學的海洋裡大展身手。

就在這時，因奧匈帝國與沙俄爭奪巴爾幹半島，德奧兩國為對抗俄國在巴爾幹地區的擴張，於西元 1879 年締結了祕密軍事同盟條約。為此，全國大中小學都要實行軍訓，所有適齡青年都必須參軍。佛洛伊德作為醫科院校的學生，也不得不應徵入伍。

在軍營中，佛洛伊德也沒有浪費時間，他抽空將穆勒的名著譯成了德文。在這些著作當中，有的涉及勞工問題，有的論述婦女解放和社會主義問題，有的是論述古希臘唯心主義哲學家柏拉圖的哲學思想，這也讓佛洛伊德有機會深入學習柏拉圖（Plato）的哲學思想。

西元 1880 年退役後，佛洛伊德本來打算沿著神經科學這一道路當上教授，接替老師布呂克教授的班。但在 19 世紀，這條路是只有富家子弟才走得通的。家境一般的佛洛伊德只好暫時放棄了這一想法。

西元 1881 年 3 月，25 歲的佛洛伊德以優異的成績和研究成果獲得了維也納大學醫學博士學位。8 年的大學生活，他不僅為自己未來的事業打下了堅實的知識基礎，還結識了許多著名的學者、朋友和同事。當他走出維也納大學畢業典禮的會堂時，即將面臨著人生道路上的新選擇。

第三章　與瑪莎訂婚

人不是根本不相信自己的死，就是在潛意識中確信自己不死。

——佛洛伊德

（一）

佛洛伊德在少年時代，曾有過一次短暫的、宛若曇花一般的初戀，那是在西元 1872 年他 16 歲時出現的。

那年，正好是佛洛伊德中學畢業之前，他回到弗萊堡遊玩。在弗萊堡期間，他住在自己兒時的夥伴埃米爾．弗魯斯家中。弗魯斯一家也是以經營毛紡織品為生的，是佛洛伊德家在弗萊堡的世交。

弗魯斯有個妹妹，名叫吉塞拉．弗魯斯，年齡比佛洛伊德小一歲。小時候，佛洛伊德和吉塞拉經常一起玩。而現在，吉塞拉已經出落成一個亭亭玉立的少女了。

在弗萊堡期間，佛洛伊德和吉塞拉朝夕相處，經常在樹林草地間漫步交談，心中暗生情愫，但卻羞於表達，不敢啟齒。當吉夏拉離開佛洛伊德回家後，他一個人留在樹林內想入非非，幻想著自己如果不離開弗萊堡的話，他就可以在弗萊堡成長為農村少年，並有機會和吉夏拉結婚，佛洛伊德完全陷入了情海之中，這種幻想在此後幾年一直都伴隨著他。

此後，佛洛伊德「再也不曾為愛情所困擾，直到 10 年後，邂逅未來的妻子」。

西元 1881 年大學畢業後，佛洛伊德繼續留在布呂克教授的生理研究所。每天除了做一些研究工作外，他還擔任大學的助教。

就在這個時候，一個猶太女孩闖入了佛洛伊德的生活。她就是終生伴隨佛洛伊德科學研究的瑪莎·伯奈斯。

瑪莎生於一個書香世家，比佛洛伊德小 5 歲。她的祖父依沙爾柯·伯奈斯是有名的猶太學者，正統的猶太教教士。在 1848 年歐洲改革運動中，他堅持正統，仇視革命，但同時又與革命詩人海涅（Christian Johann Heinrich Heine）的關係很好。在德國當局迫害海涅時，依沙爾柯的弟弟在巴黎主辦的《前進報》上刊登了海涅的詩。依沙爾柯有 3 個兒子，兩個是大學教授，還有一個名叫伯爾曼，就是瑪莎的父親。

西元 1869 年，8 歲的瑪莎隨家父母由漢堡遷往維也納，她的父親成為奧地利著名經濟學家洛倫茲·馮·史坦恩（Lorenz von Stein）的祕書。1879 年底，伯爾曼去世，由瑪莎的哥哥埃里繼任祕書。埃里後來與佛洛伊德的妹妹安娜結婚。

瑪莎從小就受過嚴格的教育，具有良好的教養。1882 年 4 月的一個晚上，瑪莎與妹妹米娜到佛洛伊德家中拜訪。當她們坐在客廳與佛洛伊德的家人交談時，碰巧佛洛伊德下班回來。

通常佛洛伊德回來後，總是徑直走向自己的房間，繼續他的研究工作，從不關心客廳中是否有客人。這天晚上，他一進門就看到客廳中坐著一位漂亮的女孩，手中正在削蘋果，與家人親切交談著。

佛洛伊德被這位美麗的少女深深吸引住了，出乎意料也坐在客廳中與大家一起交談。就是這第一次見面，將兩個人的命運緊緊連繫在一起，也是這第一印象，為他們播下了愛情的種子。

（二）

在剛剛與瑪莎相識的前幾個星期，佛洛伊德總是感到羞怯，不會交際，也不敢大方向對方示愛。但洶湧澎湃的愛情熱浪和情感的巨大力量，驅使佛洛伊德很快改變了被動的局面。

後來，他每天送瑪莎一支紅玫瑰，並附上一張名片，背面用拉丁文、德文、西班牙文或英文寫上格言、箴言等，並親昵稱呼瑪莎為「神仙公主」。

西元 1882 年 6 月 17 日，剛剛結識兩個多月的佛洛伊德和瑪莎訂婚了。

佛洛伊德再次面臨一個新的選擇：是先成家後立業，還是先立業後成家？立業與成家，也就是麵包與愛情，這兩者緊密相連。成家，就需要有富足的「麵包」作為基礎；立業，又需要溫暖的家庭作為後盾。兩者很難說清誰主誰次。

佛洛伊德對此思考後，最後還是讓成家的願望屈從於立業的需要了。

幾天後，佛洛伊德來到生理研究所，找到布呂克教授，問教授說：「教授先生，為了結婚，我必須在大學裡謀得正式職位，這樣才能有晉升加薪的機會，您是否能向醫學院推薦我做您的助手？」

布呂克對此一針見血指出：「純科學是有錢人選的。像你這樣的情況，必須和沒有什麼財產的年輕大夫一樣，行醫看病。」

佛洛伊德說：「可是教授先生，我從來沒打算行醫，我學醫也不過是想做個科學家。」

布呂克問佛洛伊德：「如果你想結婚，你那位未婚妻是否有嫁妝呢？」

「我想，可能沒有。」佛洛伊德搖搖頭說。

然後，布呂克教授耐心勸說佛洛伊德去醫院接受訓練，以便今後可以掛牌開業。佛洛伊德覺得教授說得也很有道理，只好接受了布呂克的建議，違心做了轉職醫生。

後來佛洛伊德在回憶這件事時說：

> 「西元 1882 年對我來說是個轉捩點，那年尊師布呂克教授見我經濟上有困難，認為我父親不應該在我身上耗費錢財，他極力勸說我放棄理論性的工作。我聽從了他的勸告，離開了生理研究所，來到維也納總醫院當上了一名『臨床實習醫師』。」

第三章　與瑪莎訂婚

1882 年 7 月 31 日，佛洛伊德正式到維也納總醫院工作。這所醫院是當時世界上首屈一指的大型醫院和研究中心，醫院的教授們都是奧匈帝國中的著名人士。

醫院有 24 個科室，14 個研究所和門診部，圖書資訊、科研設施等，都很先進。在這裡，佛洛伊德作為實習醫生，從外科、內科……一科接一科按順序實習。

這年 10 月，在神經精神科醫生希歐多爾．麥那特的推薦下，佛洛伊德來到了著名內科醫生諾克南格爾的診療所，在這裡接觸了大量的病症，從諾克南格爾的「現場示範」中學到了一些診療技術。但作為見習醫生，佛洛伊德不能繼續科研工作，因此他只能在處理完病人後再去看書學習，直到凌晨一、兩點鐘。

後來，佛洛伊德迫切意識到，他不能繼續將大量的時間都耗費在日常看病中，而應有更多的時間從事病例研究。於是 6 個月後，他從內科轉到了麥那特的神經精神病科。

麥那特是著名的神經病學家，曾在維也納大學兼課，佛洛伊德在大學時候就聽過他的課，對其極其崇拜。在這裡，神經系統組織學的知識有了用武之地，佛洛伊德的興趣也更濃厚。麥那特對佛洛伊德也很欣賞，提升他為神經科的住院醫生。

西元 1883 年 6 月，瑪莎跟隨家人搬遷到漢堡附近的萬茲貝克居住。從此，佛洛伊德和瑪莎便開始了他們長達 3 年的分離和相思。

在這 3 年間，佛洛伊德幾乎每天都要寫一封熱情洋溢的信給瑪莎，既報告自己的生活，又向瑪莎傾訴自己的感情，字裡行間都充滿了愛意。3 年下來，瑪莎竟累積了 900 多封佛洛伊德的信。

瑪莎走後，佛洛伊德就將大量的剩餘時間都用來研讀有關神經病的著作，還研究了許多男性和女性神經病患者，初步顯露出從事神經病研究工作的卓越才華。後來他又在皮膚科實習了 3 個月，於西元 1884 年 1 月開始在總醫院神經科工作。

由於出色的表現，這年 7 月，佛洛伊德被任命為神經科的負責人。在麥那特等著名專家的指導下，他在研究神經纖維、神經細胞、神經錯亂症等方面取得了許多成就。

（三）

儘管佛洛伊德每天都埋頭關於神經病的研究，但籌措結婚經費的事卻在時刻纏繞著他。父母已經年邁，弟弟妹妹們年齡尚小，均需要贍養；而家庭的經濟狀況又每況愈下，以致妹妹不得不出去幫傭以補貼家用。為此，佛洛伊德不得不認真思考該如何緩解自己的經濟狀況。

根據臨床的需要和對成家寄予的厚望，佛洛伊德開始了對古柯鹼的研究。

「古柯」是印度的一種植物，耐嚴寒，當地人經常咀嚼它的葉子緩解疲勞；德國人還拿它給士兵喝，發現有增強體力和耐力的功效。佛洛伊德從西德達姆斯塔市的化學公司弄到一些從樹葉中提煉的、當時還鮮為人知的古柯鹼，開始研究它的生理作用。

1884 年 4 月 21 日，他在給瑪莎的信中說，他幾乎把成功的希望都寄託在這項研究中了。他強調，對古柯鹼的療效，「也許已經許多人試過，也許這毫無價值。但我不願不試就放過它。你知道，經常有人試，始終願意試，好日子才會來到。這種機會只要遇到一次，我們的成家就不成問題了」。

為了能真實體會古柯鹼對人體產生的影響，佛洛伊德親自服用了古柯鹼，檢驗其對人體的神經系統的振奮作用，結果取得了明顯的效果。不久，佛洛伊德發表了一篇《論古柯鹼》（*Über Coca*）的學術論文。

但當這項研究進行到一半時，佛洛伊德得到機會，讓他可以出去一趟，看望他久別的未婚妻瑪莎。為此，佛洛伊德草草結束了這項研究，只是向一位眼科醫生建議，可以試一下古柯鹼在眼睛治療過程中的麻醉功效。

不久卡爾．科勒（Karl Koller）在聽佛洛伊德向他講述古柯鹼之後，便在牛的眼睛上試驗了麻醉效果，並在西元 1884

年 9 月開幕的海德堡眼科大會上宣讀了實驗報告。這樣，科勒就理所當然成為古柯鹼用於局部麻醉的發明者。

雖然佛洛伊德沒能取得這一發明權，但對同事的成功，他也表示由衷祝賀。在祝賀之餘，他也感到有些遺憾，因為如果他不去看望未婚妻，就不會錯失這次借助古柯鹼研究而一舉成名的良機了。

不過，佛洛伊德發表的那篇關於古柯鹼的論文逐漸在社會上流傳起來，中歐一些城市將古柯鹼當成時髦的常服藥品。但也有人久服成癮，服用後藥效也逐漸降低；有的人超量服用，還引起了其他症狀。如此一來，佛洛伊德反而落了個「江湖騙子」的惡名。

借助研究古柯鹼實現結婚的夢想破滅後，佛洛伊德考慮問題的思路也更現實了。在那時，不管是自己開業行醫，還是到私立醫院做醫生，都需要有個「講師」的頭銜。有了這個職稱，就能夠創辦一家一流的私人診所，也能獲得在大學開設系列講座的資格。雖然這種職稱既沒有工作，也沒有資格參加科學院的會議，但一旦擁有它，一是可以獲得大眾無比的信賴，二是意味著不久就有晉升副教授的希望。因此在西元 1885 年 1 月 21 日，佛洛伊德正式申請講師資格。

醫學科學院委派以布呂克為主任委員的評審委員會，負責對佛洛伊德的任職資格考核。布呂克教授給佛洛伊德寫了評價很高的評語，然後連同佛洛伊德的申請報告送交醫學院教授大會表決，最終以 21:1 的票數順利獲得通過。

不久後，由於佛洛伊德在科學研究上所取得的卓越成就，在布呂克教授的幫助和推薦下，他獲得一筆數目可觀的出國留學獎學金。

這兩個好消息令佛洛伊德欣喜若狂。佛洛伊德早就聽說法國神經病學家沙爾柯 (Jean-Martin Charcot) 的大名，他曾打算先獲得神經病講師的職稱後再前往巴黎深造，而現在，這兩個願望竟然同時實現了，怎麼能不高興呢？

佛洛伊德難以抑制自己的喜悅心情，他馬上給遠方的瑪莎寫信：

> 啊，這是多麼美妙啊！我即可到你那裡，給你帶上最好的東西，並在你身邊長時間逗留；我就要到巴黎去了，就要成為偉大的學者，然後頭上戴著大大的光環回到維也納，治癒各種頑固的神經疾病。我要擁抱你，讓你變得幸福 —— 我們一定會幸福的，會有許多的孩子！

西元 1885 年 9 月，佛洛伊德離開了維也納，懷著欣喜和渴望的心情準備趕赴巴黎。

第四章　法國留學前後

如果一個人成為他母親不可否認的寶貝兒子，那麼他一生都會擁有勝利的感覺，對於成功的自信心也一定很強，很難不到達真正的成功。

—— 佛洛伊德

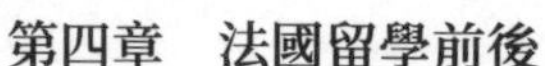

（一）

離開維也納後，佛洛伊德開始了他一生中最重要的旅行。他首先到達了漢堡附近的萬茲貝克探望了未婚妻瑪莎。這次到來與 3 年前的祕密造訪完全不同了。那時他還只是一個剛剛從醫學院畢業的學生，而現在，他已經是維也納大學的講師了。即使他的天才還沒有完全顯露出來，但至少他已經表現出成功的專職人員的氣度了。

在萬茲貝克，佛洛伊德與未婚妻瑪莎度過了愉快的 6 個星期。西元1885年10月11日，他從萬茲貝克出發趕赴巴黎。

10 月 13 日，佛洛伊德抵達法國的首都巴黎，投宿在拉派埃克斯旅社時，發現瑪莎的信已經寄來了，他馬上回信給瑪莎。他覺得巴黎令人眼花撩亂，他很想念瑪莎，希望瑪莎能夠陪在自己身邊。

接下來的日子，佛洛伊德盡力適應環境，四處尋找比較便宜的住所，晚上還要到劇院去看戲，希望自己的法文水準能有所提高。

10 月 20 日一大早，在各方面準備妥當後，佛洛伊德正式前往沙比特里爾醫學院拜訪沙爾柯教授。

沙比特里爾醫學院建造於法國路易十三當政的時期，最初是乞丐、妓女和瘋人的收容所，後來成為巴黎最大的婦女救濟院。

西元 1850 年後，它容納了四、五千人，但仍然不像一所醫院，而是像極了恐怖的「瘋人院」。但沙爾柯教授改革了它。當沙爾柯被聘為復健部的主任醫師後，在裡面增設了教育和訓練單位，以及許多實驗室，還設置了癲癇症（Epilepsy）和歇斯底里症（Hysteria）病人的病房。在 1885 年，他將這個機構變成了歐洲最著名的神經病理學研究中心。

佛洛伊德在到達沙比特里爾醫院時，醫生和門診病人正在閒談。他看到正在為病人看病的沙爾柯第一助手帕里·馬力醫生，在他周圍還有一群客座醫生。

10 點鐘時，沙爾柯教授來到沙比特里爾醫院。

沙爾柯有著運動員一般的體魄，相貌也十分令人難忘：皮膚白皙，鬍子刮得很乾淨，額頭很低，眼睛冷靜清澈，鷹鉤型的鼻子，很像古羅馬帝國的國王。他的聲音帶有權威性，語氣嚴厲。

沙爾柯醫生看了布呂克教授的介紹信後，便邀請佛洛伊德陪他一起巡視醫院。

那天晚上，佛洛伊德在給瑪莎的信中說，這裡的每件事情都要比他預想得好，這讓他感到很高興，覺得自己來這裡是來對了。

從這以後，每個星期一，佛洛伊德都參加沙爾柯向他的病人所做的公開演講課。沙爾柯的講課，以他的敏銳和機智

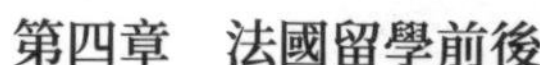

將佛洛伊德和其他追隨者征服了。在佛洛伊德看來，沙爾柯的確有教授的風範，他的講課結構和內容都十分精湛，每一堂課都是傑作。在這樣傑出的導師指引下，佛洛伊德如飢似渴地學習，晝夜不停研究那些最具有代表性的精神病例。

每個星期二，佛洛伊德還會很有興趣觀察那些被帶來給醫院助手檢查和討論的門診病人；每個星期三，沙爾柯教授會巡視病房，在他的監督和指導下，佛洛伊德會仔細觀察和為病人檢查，並注意聽沙爾柯教授對他們診斷。

在沙比特里爾醫院，佛洛伊德如魚得水。他在這裡聽課，做實驗，與老師和同學們一起探討。有一次，佛洛伊德聽沙爾柯教授感嘆，沒有人能把他的著作譯成德文，佛洛伊德毛遂自薦，承擔了這一工作。

在翻譯了兩卷文獻後，沙爾柯教授很滿意，遂將佛洛伊德帶入新的社交圈：每星期二晚上在沙爾柯教授家中舉行的招待會，到會的都是巴黎各界的名流，出席的人都頗有來頭。

佛洛伊德是第一次參加這種招待會，緊張得不行，甚至不得不服用古柯鹼來壯膽。他在給瑪莎的信中說：

> 我的服飾很整潔，只不過我把那條倒楣的白色領帶換成了一條從漢堡買來的漂亮黑色領結。這是我第一次穿燕尾服，我為自己買了一件新襯衫和一副白色

的手套，因為舊的手套已經不太好了。我還理髮，把我雜亂的鬍鬚修剪成法國式。

這天晚上，我共花費了 14 法郎，結果我的表現非常好，別人對我的印象都不錯。我喝了啤酒和咖啡，抽起菸來也很瀟灑，感到非常自在，沒有出任何的差錯。

這天，讓佛洛伊德開闊了視野，學會了很多東西。

（二）

當時的醫學界紛紛否認男性歇斯底里症患者的存在，認為這種疾病只有女性才會患上。但在這裡，佛洛伊德親眼看到了為數眾多的男性患者。而老師沙爾柯對歇斯底里症所做的大量開創意義的研究開闊了佛洛伊德的眼界，讓他對歇斯底里症有更加深入的了解。

佛洛伊德在研究中對老師的結論產生了疑問，他開始自己對歇斯底里症進行最初的探索。在教學中，沙爾柯教授經常透過實例演示論證，只要對病人實施催眠，然後告訴催眠狀態中的病人，他們的身體中存在著一些歇斯底里症患者的症狀，那麼，這些症狀就會完整出現在處於催眠狀態的病人身上，而且所表現出來的症狀與歇斯底里症患者一樣：他們都會感到疼痛、出現痙攣、渾身發抖、知覺減退、局部麻痺，甚至會出現記憶力喪失等。

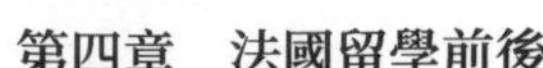

沙爾柯教授認為，這些現象從實驗角度來看是頗有趣的，從治療角度則毫無意義。他認為，歇斯底里症是因神經系統的損失，即生理性創傷所引起的，因此也只能消除生理性創傷才能治癒。

但佛洛伊德在解剖中從未在歇斯底里症性病人的大腦或神經系統中找到損傷的痕跡，因此對老師的論點產生了懷疑。他從自己的觀察中得出的結論是：歇斯底里症性患者的損失發生在觀念意識之中。也就是說，歇斯底里症行患者所患的是一種心理疾病。這種觀點在當時是驚世駭俗的見解。

此外，沙爾柯教授試圖用催眠的方法發現歇斯底里症器基礎的設想也打開了佛洛伊德的思路，引起了他極大的興趣，成為他日後發掘神經病患者心理原因和用催眠的方法診治歇斯底里症的契機。

最後，透過老師沙爾柯教授的催眠掩飾，佛洛伊德開始初步接觸到能揭示催眠、歇斯底里症病症的潛意識心理機制，開始覺察到這種心理機制的普遍存在，以及歇斯底里症患者的治療與每個人的生活密切相關等。

不過，佛洛伊德在巴黎的經濟狀況並不好，那筆留學獎學金根本不夠他在巴黎的生活開支。為了買聖誕禮物給瑪莎和家人，他每天都要存下一兩個法郎。有時想去劇院看戲，或者去凡爾賽宮觀賞，只能望洋興嘆！

西元 1886 年新年到了，佛洛伊德給父母和朋友們寫賀年信，在信的末尾，他寫道：「我為你們的健康乾杯！」

而事實上，他的房間裡除了白開水之外什麼都沒有。他舉起一杯水，面對著天花板致意，此情此景，令人深感淒涼。

1886 年 2 月底，佛洛伊德告別了沙爾柯教授，離開巴黎，結束了他在沙比特里爾醫院神經病診所的留學生活，踏上返回維也納的歸途。

在歸途中，他先到萬茲貝克看望了未婚妻瑪莎，然後又繞道柏林，在柏林的亞都佛．巴金斯基的診所裡逗留了幾個星期，進修有關兒童精神異常症的課程。他寫信對瑪莎說：「只要他們的腦子沒有疾病，這些小傢伙實在是很可愛。但是他們一得病，就令人惋惜了。我想，我不久後就可以在兒童醫學上尋求發展了。」

不過後來，佛洛伊德又改變了這一主意。

（三）

西元 1886 年 4 月初，佛洛伊德回到維也納。在離開維也納時，他是個初出茅廬的神經病理學學者，迫切希望在沙比特里爾醫院學到有關神經系統解剖的全部學問。回來時，他增加了對學科的興趣，並且在沙爾柯教授的教導影響下，決

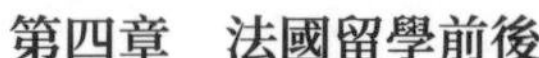

定集中精力研究精神問題，尤其是歇斯底里症研究的問題。這時，佛洛伊德已經由一個基礎精神病學的學生演變為動力精神病學的提倡者了。

佛洛伊德體會到：了解歇斯底里症症是開啟人類思維謎團的鑰匙。他準備在維也納開自己的精神病診所，一是能重點開始研究有關精神類疾病的課題，二是可以營業賺錢，盡快與瑪莎結婚，瑪莎已經等了他整整 4 年了，人生能有幾個 4 年的青春年華還能讓她繼續等待呢？

在花了 3 個星期準備一份報告給維也納醫學會後，佛洛伊德便開始著手準備自己開辦診所的事。於是在 4 月 24 日，佛洛伊德在維也納《新自由報》上刊登了一則廣告：

> 西格蒙德·佛洛伊德博士，維也納大學神經病學講師，在巴黎留學半年，新近歸來，設診所於市府大街 7 號。

在佛洛伊德宣布門診開業的第一天，竟然是復活節。這是個令人不可思議的開張日子，因為它是一個公定的假日，各行各業和政府機關都不辦公，甚至城裡急診處都沒有人值班。在一年中，除了耶誕節之外，這一天是最不適合醫生開業。

對佛洛伊德的這一行為，許多人的猜測：他之所以選擇在這天開業，或許是因為他極其不喜歡天主教教會，因此刻意選在這個節日開業。

在眾人看來，佛洛伊德開辦診所不會有好前途。首先，他的醫學技術還不成熟，算不上是著名的醫生，而且也沒什麼資本可以幫助他度過營業上的淡季。

另外，他還浪費了許多時間進入醫學這一行。他曾涉足藥劑學、醫事技術和小兒科疾病。如果他在任何地方曾顯示出聰慧，那也不過是曇花一現而已。雖然他現在專攻神經病理學，並一廂情願認為可以在維也納一展所長，但不久後卻偏重使用令醫學界同事們不信任，以及病人不接受的診療方法。

不過在開始階段，診所的生意還算不錯的，不少病人前來求醫，佛洛伊德的研究工作和診所的業務都有所進展，這時佛洛伊德認為自己可以結婚了。

然而沒想到的是，在這年 6 月的最後一個星期，一封政府的公函送到佛洛伊德手中：

> 茲命令後備軍人、中尉西格蒙德·佛洛伊德博士，於 8 月 10 日起到軍中服役一個月。

這突如其來的消息弄得佛洛伊德在空蕩蕩的候診室中橫衝直撞。他用所能想到的所有可以發洩不滿的詞語，咒罵戰爭、徵令，覺得自己倒楣透頂：在醫院工作的那幾年，他隨時都可以去，可現在診所剛剛開業，病人剛開始登門，他也剛剛開始賺錢準備結婚，卻突然要求他去服役！他走後，研

究工作怎麼辦？診所怎麼辦？結婚怎麼辦？

抱怨詛咒都沒有用，佛洛伊德還是去軍營中服役一個月。從軍營回來後，佛洛伊德在環形大街附近租下了一套公寓準備結婚。碰巧在這個時候，瑪莎的姑媽和叔叔贈給瑪莎一筆嫁妝，於是在西元 1886 年 9 月 14 日，佛洛伊德和瑪莎舉辦婚禮。

佛洛伊德和瑪莎相戀了 4 年，忍受了 4 年分離的痛苦，現在終於迎來了「執子之手，與子偕老」的一天。

婚禮的公證儀式是在 9 月 13 日在萬茲貝克市政廳舉行的，第二天就是宗教的結婚儀式，佛洛伊德依照古希伯來的新郎規矩行禮，然後新婚夫婦外出度了兩個星期的蜜月。

第五章　對歇斯底里症的研究

任何五官健全的人必定知道他不能保守祕密。如果他的嘴唇緊閉，他的指尖會說話，甚至他身上的每個毛孔都會背叛他。

——佛洛伊德

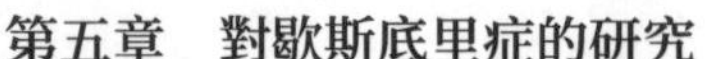

（一）

佛洛伊德和瑪莎結婚後，在新婚的最初幾個星期裡，不得不面對許多問題。其中之一就是缺少金錢，而佛洛伊德在新居第一天執業時，竟然沒有足夠的椅子給客人坐，瑪莎只得跑出去向鄰居借椅子暫用。

另外，佛洛伊德還不喜歡猶太人的規矩。瑪莎的親戚後來寫道：

> 「我記得很清楚，瑪莎告訴我說：佛洛伊德在他們婚後的第一個星期五晚上，不允許她點燃安息日的燈，這時她一生中頗感懊惱的事。」

但毫無疑問，這對夫妻的生活還是很快樂的。身為女主人的瑪莎，對丈夫十分支持，也完全依照佛洛伊德的職業要求來理家。而她對於佛洛伊德所研究的精神分析學所持的態度是：忠誠隱藏住她的懷疑，只是輕描淡寫對一個訪客發無關痛癢的牢騷，她說：「你真的相信一個人可以用精神分析對待小孩子嗎？我不得不承認，如果我不知道我的丈夫對於他的研究如此認真和執著，我會認為精神分析是一種淫穢的東西！」

西元 1886 年的 10 月 15 日，佛洛伊德在維也納醫學協會宣讀了他的一篇論文——《論男性的歇斯底里症》。這時，關於歇斯底里症的爭論主要集中在「心態的來源」。這種觀念已經被許多英國醫生所接受，也受到了沙爾柯教授的支持，但在德國和奧匈帝國，人們對其卻議論紛紛，佛洛伊德特意選擇在這個時機宣讀了他的論文。

當時在醫學上，歇斯底里症往往都被看成婦女病。由於這個詞的詞根是「子宮」，醫療中都將它診斷為「子宮倒錯」或由女性器官病症所引起的一種病。因此，在治療這種病時，醫生通常都會毫無依據採取切除女性性器官的野蠻手術，或讓病人嗅能引起子宮收縮的植物氣味。

而巴黎的神經學教授沙爾柯拋棄了以上荒唐的觀念和醫療手法，確認歇斯底里症屬於一種神經系統疾病，這在醫學史上是個卓越的貢獻。

因此在這篇論文中，佛洛伊德陳述了自己在巴黎的求學經驗，接著又詳細講述了歇斯底里症的病例：一個病人從建築物的腳手架上摔下來後，有一隻手臂麻痺了。後來佛洛伊德證實：這個受傷很重的男性歇斯底里症患者，是由於精神上的打擊而出現手臂麻痺的，並非因為身體上的直接傷害。

然而佛洛伊德的觀點一提出立即就引起了一片反對聲，那些年高資深的醫生對此都表示驚訝，其中一位說：「老兄，你不要再胡扯了！歇斯底里症就是子宮病！而男人怎麼能患上子宮病呢？」

不論佛洛伊德如何向這些權威人士解釋，都是徒費唇舌，沒有人相信。

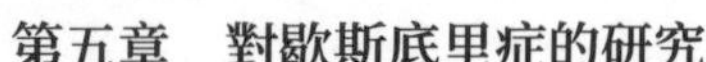

在自己的論文觀點遭到冷落後，佛洛伊德花了 9 天時間找到了一位典型的歇斯底里症患者。這位患者是一個煉鋼工人，他的病沒有器質性（腦組織暫時性或永久性的功能障礙，所導致的心理與行為的異常）的損傷，只不過與兄弟吵了一架後就半身癱瘓了。

佛洛伊德把這位病人帶到維也納醫學協會，當眾介紹了病例，並現場治療表演，他運用從沙爾柯教授那裡學來的催眠法，讓這位病人的狀況消失。

這一情況得到的反應，先是一陣掌聲，然後是一片沉默，接著，主席面無表情宣布散會。後來，佛洛伊德聽到權威們在私下說：「催眠術這種瘟疫不能在維也納傳播。」

（二）

對於佛洛伊德來說，只要他確定了追求真理的目標，再大的權威反對他，他都不會改變初衷，他繼續對自己的研究課題進行大量的臨床研究和實踐，接觸各種典型的神經病例。但由於歇斯底里症的治療在維也納一開始就遭到冷遇，所以麥那特的研究所也不讓他再去了，這讓佛洛伊德連續幾個學期都沒地方開課。

無形之中，佛洛伊德已經被各個研究所和大學課堂拒之門外，他由此而初嘗到了被「密集大多數」所拒斥的滋味。

那時，佛洛伊德還意識不到，這不過是他一生中遭受「密集大多數」冷落、壓制和辱罵的開端。

佛洛伊德診所的生意也因此受到了影響，病人越來越少。每天一大早，佛洛伊德和瑪莎就打足精神坐在門診裡等候病人，但半天過去了也不見一個病人來，有時甚至好幾天都不見一個病人。由於生活拮据，佛洛伊德不得不把自己的心愛的金錶和結婚時他送給瑪莎的金錶送到當鋪。

作為維也納大學醫學院神經科的講師，佛洛伊德所開辦的診所自然主要是診治各類神經症患者，但這其實並不包括器質性神經病，而只有精神神經症患者。但在當時，器質性神經症的治療前景並不好，而且在維也納這樣的大城市裡，與眾多精神神經症患者相比，器質性神經症患者的數目也是微乎其微。

患者雖然較多，但來佛洛伊德的診所就診的患者卻日漸稀少。很明顯，問題還是出在療效，這是醫生的有聲廣告。

所以要改變貧窮，堅持自己的科學研究，唯一的方法就是提高療效。佛洛伊德堅定不移將自己從巴黎沙爾柯教授那裡學來的醫療技術用於醫療實踐當中。他嘗試各種電療、浴療、推拿療法和催眠療法等，結果取得了令人滿意的效果。

在當時，電療法很流行，但佛洛伊德在實踐中發現它效果有限性。於是他從西元 1887 年 12 月起便更加集中地使用

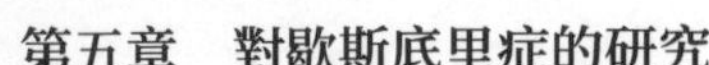

催眠療法。

睡眠術是從古老的醫術中演化而來的。在遠古或奴隸制時期，神經失常和神經病患者都被看為「妖魔附體」、「中邪著魔」。要讓這些病人恢復正常，就要採用殘酷拷打患者肉體的野蠻方法，以驅趕妖魔邪氣。

這種做法一直延續到 18 世紀的後期，直到 19 世紀才稍有好轉。西元 1845 年，德國精神病學家首次提出了神經病的機體病因說，將病原歸於大腦的生理機制，從而引起了科學觀念上的一場革命。

後來維也納的醫生安東．梅斯梅爾博士（Franz Friedrich Anton Mesmer）創立了「通磁術」來治療精神疾病。他認為人體內有一種「動物磁波」周流全身，疾病則是這種磁波在體內阻塞或失去平衡所致。「動物磁波」可以由人的意識用一定的方法來疏通恢復平衡，從而治癒疾病。

19 世紀後期，英國醫生布雷德（James Braid）正式提出了「催眠術」這個概念。不久，德國醫生利伯特也開始將催眠術用於臨床。

在當時，對「催眠術」有兩種不同的觀點：以法國著名精神病學家沙爾柯（Jean-Martin Charcot）為首的巴黎學派認為，催眠是由於神經症狀所引起的，催眠的昏迷、萎靡和夢遊三種狀態，都是以生理變化為特徵的；而以法國醫生伯恩海姆（Hippolyte Bernheim）為首的南錫學派則認為，催眠不一定都是上述三種狀態，即使這三種狀態也完全是暗示的結果，而暗示是心理作用。

伯恩海姆還認為，催眠暗示是一種普遍的心理作用，催眠的關鍵是受催眠者對主持催眠者的信任。伯恩海姆先向接受催眠者說明催眠的原理和作用，然後再讓受催眠者躺在安樂椅或床上，他則連續用單調、呆板的聲音向受催眠者暗示：「注意！你的心裡什麼都不要想，你的眼睛已經很疲倦了，睜不開了，看不見東西了，你在打盹了，你要睡著了……」

經過這一的暗示，患者很快就能合目入睡。

後來，沙爾柯教授的學上經過研究發現，精神病其實屬於心理疾病，是精神分裂的結果，所以催眠術其實是一種心理治療的方法。

（三）

儘管催眠術的產生和應用象徵著精神病療法的革命，但奧地利醫學界在佛洛伊德之前都很少使用這種方法，一些著名的學者甚至認為催眠術是醫學界的不幸。而佛洛伊德在科學研究上最高貴的特質在於：他勇於向傳統和權威挑戰。正是透過運用催眠術，他發現在人的意識背後，還潛藏著另一

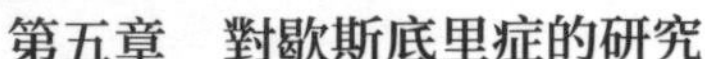

個心智過程 —— 潛意識。

後來，佛洛伊德發掘潛意識並加以分析，最後建立了他的精神分析整個科學體系。在佛洛伊德看來，所謂潛意識就是被心理抑制和壓迫著的領域，它棲息在內心陰暗的角落裡，要經過外力的幫助、引誘和啟發，透過分析的照明，除掉精神的壓力，才能夠轉化為「意識」。

這種「潛意識」在未發現以前是深不可測的；就其內容和傾向來說，也是有好有壞的；它有時甚至抑制為一種荒謬不經的「夢魘」。這種內心的祕密，又好像是人在時間中漂流，如同一座冰山，大部分浸在潛意識的海洋中，小部分「漂浮」在「意識」的層面上。正是這種關於「潛意識」的觀念，最終構成了佛洛伊德的精神分析學的理論基礎。

須知，恰恰是催眠療法為「潛意識」的發現提供了一個重要的線索。由此可見，佛洛伊德的精神分析學本身並非主觀杜撰出來的臆想，而是在佛洛伊德及其同事們的醫療實踐中總結和發展出來的理論。

對「潛意識」的發現，讓佛洛伊德想起了西元 1882 年時布羅伊爾教授給他講過的治療一位名叫安娜 · 奧（Anna O.）的女孩的病例。

約瑟夫 · 布羅伊爾（Josef Breuer）是奧匈帝國最著名的醫生之一，也是著名的科學家。他比佛洛伊德年長 14 歲，兩人於西元 1870 年末在布呂克教授的生理研究所相識後，很快就成為好朋友。

從 1880 年 12 月到 1882 年 6 月，布羅伊爾教授都在治療這位名叫安娜．奧的女孩的歇斯底里症。

安娜是一位聰明伶俐、性格柔順的女孩，出生富裕的家庭，從小就受很好的教育，通曉英語、法語、義大利語等多國語言。她的家人信奉清教，因此對她管束甚嚴，生怕她遭受外界的誘惑，失去童貞。

自從 16 歲中學畢業後，家裡禁止安娜進一步求學深造，甚至限制她閱讀書籍，更禁止她到劇院看戲。所以大部分時間安娜都是在家中度過的。為了擺脫寂寞和無聊，她只能為自己編故事聊以解悶。

在 21 歲時，安娜得病了，發病時全身痙攣，意識錯亂，精神憂鬱。布羅伊爾在檢查後發現，安娜還有更為嚴重的病症：嚴重厭食，半邊臉麻木，手臂和一條腿不能動，不時出現幻覺，記憶缺失，失語，出現劇烈的頭痛等等。檢查結果沒有發現任何器質性病變，生理上毫無問題，屬於典型的歇斯底里症類型。

安娜的父親當時已經患病長達一年之久，最終陷於不治。父親去世後，安娜的病症更加嚴重了：她常常陷於深深的憂鬱之中而無法自拔，常常無法認人，不時地出現痙攣性痲痺，精神處於極度混亂之中，幻覺現象加深，語言出現障礙，發病時還常常失去德語能力而說不是母語的英語。

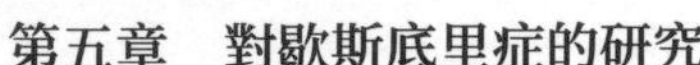

布羅伊爾對安娜實施了深度催眠，然後問她壓在她心頭的是哪些念頭？

病因終於弄清了：原來安娜長期侍奉父親，暗中愛慕自己的父親。在父親去世後，她那被壓抑的戀情失去對象而引發了妄想症。

就這樣，安娜在被催眠後的虛妄狀態下，摒棄了那些壓抑在心頭的憂患，病症也有所減輕以至消失。

經過布羅伊爾的努力，安娜終於康復並能正常的工作了。在治癒安娜的過程中，布羅伊爾從理論上得出的最重要的結論是：精神神經症症狀來源於潛意識過程，一旦這種過程成為意識過程，則精神神經症的種種症狀就會隨之消失。

對此，佛洛伊德認為，患者在失去自控能力的情況下，能夠恢復曾受到多種壓抑、難以在正常狀態下表現出來的原始意識狀態。這說明：在人的正常精神狀態背後，在意識的深處，存在著一個原始的意識層。

佛洛伊德對這一病例表現出了極大的興趣。西元 1885 年，他在巴黎留學時，曾滿腔熱情將這一發現告訴給沙爾柯教授。但遺憾的是，沙爾柯教授對此並不感興趣，以後他就再也沒有提及此事。

現在，佛洛伊德又想起了安娜的病例和催眠法，他一直覺得這個病例好像蒙著一層晦澀曖昧的帷幕，而布羅伊爾在關鍵處卻總是絕口不提，這讓佛洛伊德感到不解，為什麼布羅伊爾不繼續對這一病例研究下去呢？

他忽然想起布羅伊爾在說到歇斯底里症時說過的一句話：「這種病往往是床上的病。」

同時，他又想起沙爾柯教授在與他私下談話時也承認，歇斯底里症與「生殖的事情」有關，但在正式的場合問他，他又斷然否認。

在奧匈帝國，也明確認為歇斯底里症與「性的事情」有關，但到了公開場合他也閉口不談了。

這讓佛洛伊德陷入了沉思，布羅伊爾、沙爾柯教授在針對不同的患者時，都得出了相同的結論，可在醫學理論和實踐中，又沒有一本醫療論著、一個臨床範例揭示過人的性行為對人的意識、神經健全和身體健康有關。這一超乎尋常的、過激、新穎而又不太雅觀、難以啟齒的觀點，莫非真的蘊含著一定的科學真理？

可是，同是這些權威尊賢們，在這種病例中縮頭縮尾，不願公開言論，這又讓佛洛伊德的心中更加迷惑了。

（四）

佛洛伊德一向有這樣的作風：學習別人的成果時總是很

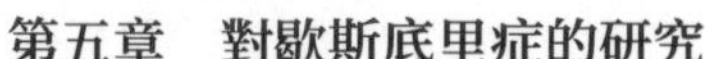

謙遜，但永遠將學習別人的長處當成邁入新征途的第一步。如果經過思考和觀察以及實踐，發現已有成果的不完善時，他馬上又會毫不猶豫奔向更高的目標。

在經過治療實踐和研究後，佛洛伊德發現催眠術暗示的局限性。當時，最令他感到困惑的有兩點：一，他不能使催眠術百發百中，也就是說，不是所有的病人都能夠催眠成功；第二，他不能把每一個病人催眠到他所期望的那種深度。

為了讓催眠術更加完善，西元 1889 年夏，佛洛伊德親自到法國南錫，試圖向多年應用催眠術的法國醫生們求教。

南錫是法國東部的重工業區 —— 洛林的首府。這裡的醫院和醫學院都不在市中心，而是在城外。佛洛伊德再次來到法國，心情十分愉快。再到醫院一看，樓裡樓外乾淨明亮，院子裡鮮花盛開，環境優雅，給人一種賓至如歸的感覺。

在老朋友希波萊特·伯恩海姆的介紹下，佛洛伊德見到了一位名叫昂布魯瓦茲·奧古斯特·利伯特（Ambroise-Auguste Liébeault）的鄉下醫生。

利伯特畢業於斯德拉斯堡醫學院，他從一位牧師那裡看到催眠術後，就對催眠術產生了興趣，從此立志學習催眠。

經過多年的潛心研究和實踐，利伯特的醫術不斷提高，影響也越來越大，尤其是「誘導睡眠」和「口頭暗示」已經名揚歐洲的大部分地區。

然而，他卻被排斥在醫學院和大學講臺之外，名門尊貴也不會光顧他，生怕丟了體面。

在利伯特那裡，佛洛伊德親眼看到了利伯特為病人治病的情景。利伯特的催眠方法很簡單，但他的神情、聲音、舉止等，都顯得老練。

此後，佛洛伊德每天到利伯特那裡學習催眠術。在那裡，他也接觸到了大量的病例，引起了他的興趣。他總感覺：這些病情與人的第二意識有關，潛意識那些因素會引起這類病症。如果不能深刻揭示其中的奧祕，又怎麼能精確治療這些疾病呢？作為一名科學家，應該衝破一切困難和阻力，去打開這扇神祕而禁錮的大門。可像沙爾柯教授（Jean-Martin Charcot）、利伯特這些資深的人，為何不去探究未被發現的新大陸，而只是在現有成就的基礎上徘徊不前呢？

從南錫回來後，佛洛伊德接收了一些病人，也遇到許多不同的病例。在治療過程中，既有成功的，也有失敗的，這讓佛洛伊德再次意識到催眠術對治療神經疾病不具有普遍性的特點，要想徹底治好這種病，就需要對催眠術改造和發展才行。

佛洛伊德說，真正的精神分析開始於放棄催眠術。放棄了催眠術後，佛洛伊德繼續探索思考，逐步摸索，漸漸總結出了新的醫療方法。

佛洛伊德記得，布羅伊爾當初在給安娜治療時，病人卻

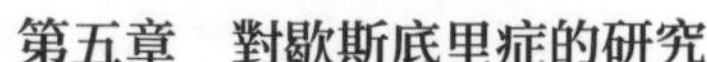

將對父親的情感轉移到布羅伊爾的身上。後來布羅伊爾為了避免出現麻煩，就不讓安娜再來找他看病了。

其實佛洛伊德也遇到過這樣的情況，在治療過程中，病人醒來後一把就摟住他的脖子，累得他急忙呼喊女傭或妻子來解圍。

由此，佛洛伊德發現，病人將強烈的內心騷動和長久壓抑在心中的憂鬱移給醫生，這就是「移情」；而醫生接受這種「移情」就是治癒的條件。相反，如果醫生拒絕、逃避，就是「反移情」，反移情就會加重病情。由於布羅伊爾對安娜的「反移情」，結果使安娜的病情加重，乃至拖了許多年。

這也就是說，要治好病人，醫生既要接受患者的移情，又要設法解脫移情。為此，佛洛伊德在「談話療法」（Talk Therapy）中採取了兩項措施；一，聽病人申訴病因時，坐在病人看不到自己表情的地方，或者背對著病人；二是要求病人必須付費，讓病人明確他與醫生的關係，從而解脫他的移情情緒。

在「談話療法」的基礎上，佛洛伊德還提出了「宣洩療法」（cathartic therapy）。他認為，只要病人受到醫生真心的關懷和誠摯的鼓勵，一旦對醫生產生信任，再用恰當的方法，病人就可以完全傾吐出埋藏在心裡的隱患，將受到壓抑的情緒完全宣洩出來。

後來在診療時，佛洛伊德就讓病人躺在舒適的床上，身心放鬆，自由聯想。而自己與病人相背而坐，靜靜聽著病人的訴說。不論病人怎樣語無倫次、意向雜亂，敏感的醫生隨之漫遊於意向，並順其自然，尋機發問，然後醫生對這些資料整理分析，直到患者和醫生都認為找到了病因為止。

這種治療方法就是自由聯想法（Free Association）。佛洛伊德採用了自由聯想法治療神經病證，取得了很好的療效。

第六章　創立精神分析學說

道德感是人格特質的一個組成部分。

——佛洛伊德

（一）

在研究歇斯底里症問題的同時，佛洛伊德同時還研究人腦解剖方面的課題。在這方面，他已經算是一個公認的專家了。

在西元 1880 年，醫生們都認為「失語症」（Aphasia）（包括身不由己的口齒不清和不能了解他人語言的複雜精神失常）是腦受到損害造成的。但這種解釋並不能說明疾病的各種不同症狀。

為了能以科學解釋這一病症，西元 1891 年，佛洛伊德的《論失語症》（*On Aphasia*）出版了。在這本書中，佛洛伊德從一個全新的角度去探索，對許多不同的病症提出了功能性的解釋。

《論失語症》出版後，大約有 10 年都沒有醫學雜誌理會它，但能出版就代表著有所進步。

然而，佛洛伊德的經濟狀況並沒有大的改變，雖然不再像診所剛剛開辦時那麼貧窮，但為了擺出成功醫生的排場，他還是經常到處籌錢。

還有一個讓佛洛伊德為錢煩惱的原因，就是家中人口不斷增加。到西元 1889 年，他的長女馬蒂爾德（Mathilde Freud）和長子馬丁（Martin Freud）都出生了；1891 年，次子奧利弗（Oliver Freud）出生，次年三子恩斯特（Ernst

Freud）也加入了這個家庭當中。接下去，瑪莎又生育了兩個孩子，分別是 1893 年出生的蘇菲（Sophie Freud）和 1895 年出生的小女兒安娜（Anna Freud）。

孩子的陸續出生，讓佛洛伊德的家庭開銷日益增多，家裡也變得擁擠不堪。1891 年，在奧利弗出生後，佛洛伊德大膽搬了家，這個改變一半出於計畫，另一半也是冒險。他和瑪莎列出了必備的條件：他們所需房間的數目、接待病人的理想環境以及還要接近學校，方便孩子們上學等等。

接著，佛洛伊德就開始找房子，起初一直沒有找到合適的。有一天，佛洛伊德雇了一輛馬車去為一位患者看病。在下午診療完畢後，他開始在市中心漫無目的地散步，無意間發現自己站在一棟建築物的外面，那裡恰好有一幢公寓要出租。佛洛伊德隨即進去查看，發現它很適合他們一家的需要，因此立即簽下了租約。

回到家後，佛洛伊德告訴瑪莎，他已經找到了他們理想的新居，位於柏林街 19 號，當晚還帶著瑪莎去看了房子。

瑪莎看到這所房子後，非常震驚，因為房子的附近住的都是貧民，樓梯也是石砌的，又暗又陡，房間也不夠多。

但瑪莎沒有抗議，她知道，丈夫不僅已經簽了約，而且整個心思都放在這個房子上了。其實佛洛伊德會選擇這裡的理由很有趣：這裡是佛洛伊德的同學維克多·阿德勒（Victor

Adler）以前的住所，他們曾經彼此爭吵，後來阿德勒成為社會民主黨的領袖，而阿德勒的姐夫布朗又是佛洛伊德的朋友，大學時期也曾經一起住過這裡。

很快，佛洛伊德一家就搬到了新居。開始時他們只住一幢公寓，一年多後，這裡又空出來 3 間房子，佛洛伊德就租下它們，作為他的心理診室。

在小女兒安娜出生後不久，瑪莎的妹妹米娜也搬來和他們一起住。本來米娜是打算只住幾個月的，但結果一住就是 40 年。佛洛伊德的姪女裘蒂斯後來寫道：

> 「雖然她從來沒有負擔起指揮 6 個小孩子的大家庭的責任，但她與瑪莎伯母一直維持著家庭的和諧氣氛，一起發號施令，使家裡顯得井井有條。家裡的採購也都由她們兩姐妹合辦，她們總會先仔細磋商，盡量節省家庭的開支。」

在這幢大樓中，佛洛伊德的妹妹羅莎也住過一段時間。西元 1908 年她搬走後，佛洛伊德又把她租住的公寓租了下來。

這裡距離大學和總醫院很近，佛洛伊德從西元 1891 年到 1938 年一直都住在這裡。

（二）

到西元 1893 年時，佛洛伊德手頭的病例已經累積到 15 個了。經過反覆檢驗，他發現這些病例都確鑿無誤。於是他根據幾年前達成的共識，商請布羅伊爾一起完成他們共同的研究著作。

此時，布羅伊爾與佛洛伊德在有關歇斯底里症（Hysteria）的研究上已經出現了分歧，但由於合作是兩個人早就確定的，所以布羅伊爾仍然忠實地履行了自己當初的諾言，向佛洛伊德提供了有關病例，撰寫了自己承擔的理論內容。

佛洛伊德與布羅伊爾合作的這部著作名叫《歇斯底里症的研究》（*Studies on Hysteria*），於當年完成。這部著作共分為 4 個部分：

第一部分是佛洛伊德與布羅伊爾共同撰寫的、帶有序言性質的簡短論文——《歇斯底里症症狀的心理機制》（*On The Psychical Mechanism of Hysterical Phenomena*）。

第二部分是 5 個病例，這 5 個病例按照歇斯底里症療法的發展階段由低而高依次排列，其中包括布羅伊爾的著名病例安娜·奧。

第三部分是理論部分，由布羅伊爾撰寫。

第四部分是介紹心理治療的部分，由佛洛伊德完成。

其中，《歇斯底里症的研究》第一部分於西元 1893 年發

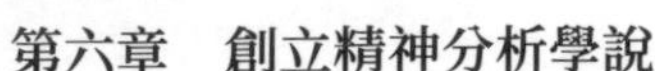

表在當時的《精神病理學》雜誌上，全書則在 1895 年出版，從而奠定了精神分析的理論基礎，可稱得上是精神分析學的開山之作。

佛洛伊德曾說，《歇斯底里症的研究》並不是確定這種病的性質，而是探索和揭示這種病狀的最深源頭。所以它特別強調了情感生活的意義，以及分辨下意識、意識等精神活動的重要性。它假設症狀產生於情感的壓抑，由此提出了動力因素的概念；還將症狀視為大量能量轉化的產物，這一能量若不產生這樣的症狀，也必然會用到其他方面去，從而產生相應的症狀。這就是它所謂的轉換機制。

這部著作還有一個重要的特點，就是涉及到性與歇斯底里症的關係。佛洛伊德在整理累積的病例以完成此書期間驚奇發現：每個病例都有一個共同的患病因素 —— 性慾，即歇斯底里症的發生通常與性慾遭到壓抑有關。

此刻，佛洛伊德真正理解了布羅伊爾、布呂克以及維也納當時著名的婦產科醫生克羅巴克當初對他說過，但並未引起他足夠注意的話：歇斯底里症都與性有關。這幾位名醫都已經看到了這一關聯，但卻不約而同不敢正視這一事實，都在這一發現面前悄然退卻。

在《歇斯底里症的研究》的最後一章佛洛伊德所寫的部分，他提出了性慾是歇斯底里症起因之一的看法。對這一觀點，布羅伊爾當時是基本持贊同態度的，他在前面自己所寫的部分中也曾提出過類似的看法。

不過，書中的性因素基本上是作為多種致病因素之一來加以論述的，並沒有給它額外的關注；相反，為了避嫌，行文中還刻意沖淡了性的色彩。但在當時的社會氛圍中，僅此一點就足以引起一陣軒然大波，令作者頗有惶惶之感了。

多年以後，人們都承認《歇斯底里症的研究》這部著作中對這一觀點具有開其先河之中，但在出版之時，它的銷售情況卻實在慘不忍睹。

該著作初印 800 冊，歷時 13 年都尚未售完，僅賣出了 600 多冊。如果只是因為銷路不暢，無人問津，讀者對它漠不關心也就罷了，但令人驚奇的是：買者不多，批評者卻不少。從出版時起，它在維也納和德國都遭到了嚴厲的批評和抵制。

佛洛伊德早就嘗過了被學界拒之門外的滋味，也早就領略到被「密集大多數」所排斥的感覺，所以此刻對這些批評都是抱定了笑罵由之的態度。他的合作者布羅伊爾卻遠不似佛洛伊德這樣灑脫，他感受到了巨大的心理壓力，這也最終導致兩位合作者分道揚鑣。

（三）

布羅伊爾與佛洛伊德分手的理由很簡單，他們的性格和他們各自在醫學界的權威地位不同：布羅伊爾當時已經是一個頗有聲望的執業醫生了，他相信，如果繼續追求佛洛伊德的理論，可能會令他的病人不再相信他。而集中於歇斯底里症的佛洛伊德卻深信，他終於走上了即將使他成名的道路，因此對各種指責根本不在乎。事實上，他已經「觸摸到大自然的最大奧祕」了。

在當時，布羅伊爾與佛洛伊德對於他們要宣布的新方法都採取了審慎的態度。他們想要說明的是：一些患者身上的症狀、所回憶的事情以及他們對事情的反應等，都被意識中一種不知道的動機所支配。

這種說法其實就是精神分析學說的基礎，長久以來都被毫無疑問接受。雖然「性」因素的重要性已經被提出，但在《歇斯底里症的研究》一書中，佛洛伊德所敘述的病人的典型性質的普遍化卻經常遭到攻擊。但不管怎麼說，許多改變世界的理論起初都是不受人重視，也很少有人會主動支持的。

布羅伊爾與佛洛伊德決裂後，佛洛伊德以前的其他朋友和同事也因怕受牽連和玷汙聲譽而不再與他來往了，那些上流社會的小姐太太們聽到佛洛伊德的病例學說和治療方法後，也都不再到他的診所來了。

頓時，佛洛伊德的診所再次冷清下來，一家老小的日常生計日絀。但是，佛洛伊德依然保持著鎮定、從容的態度，絲毫沒有放鬆他的研究。他說：「事實上，我整天都在想神經病原，但由於我和布羅伊爾在科學上的連繫已經結束，我只好自己一個人支撐了，這就是為什麼我的進展一直那麼緩慢的原因。」

除了上述問題外，還有一個原因導致布羅伊爾與佛洛伊德之間出現了更深的隔閡，那就是兩人在探究神經病原的成因上出現了分歧。

在神經病原的成因上，兩人必須解決的問題是：在心智演進的過程中什麼時候開始出現了病態的現象？對此，布羅伊爾的解釋是生理學上的；而佛洛伊德則是從心理學上解釋了這一問題，他認為不是分子和運動造成的，而是意向和目的所導致。儘管布羅伊爾在安娜的病例之後又接手了許多別的病例，但他仍然不願意完全放棄從一開始就堅持的生理學因果律的看法。

也就是說，年齡較大的布羅伊爾不願意馬上拋棄自己所接受了的觀念，而年輕的佛洛伊德卻急於宣揚自己的新觀念。這種原本很平常的情況，卻導致二人的關係很難處理。布羅伊爾曾經幫了佛洛伊德很多的忙，甚至常常借錢給他，佛洛伊德雖然很想快點把錢都還給布羅伊爾，卻因為經濟情

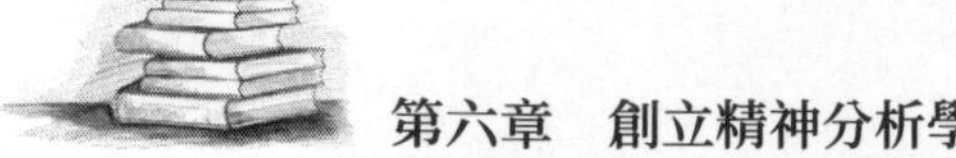

況不佳而做不到，這讓佛洛伊德感到很難受。

與布羅伊爾關係決裂後，佛洛伊德進入到了另一個時期，他後來稱之為「精彩的孤絕期」。他在西元 1896 年時敘述道：

> 「我達到了寂寞的巔峰，我失去了所有的老朋友，卻沒有交上任何的新朋友；沒有人注意我，而唯一促使我繼續前進的，是向傳統挑戰的決心，以及寫《夢的解析》的心願。」

總之，不管怎麼說，佛洛伊德與布羅伊爾共同研究神經病症的成果，儘管在當時的醫學界中遭到了普遍的反對，但它卻開創了精神分析學的新紀元。它是佛洛伊德精神分析學在人類歷史上閃耀出來的第一道曙光。佛洛伊德經歷了幾十年的艱苦醫學研究和臨床實踐，克服了社會上種族歧視的壓力和生活上經濟困難的打擊，終於在他近 40 歲時初步創立了精神分析學的雛型。

第七章　《夢的解析》

人生有兩大悲劇：一個是沒有得到你心愛的東西；另一個是得到了你心愛的東西。人生有兩大快樂：一個是沒有得到你心愛的東西，於是可以尋求和創造；另一個是得到了你心愛的東西，於是可以去品味和體驗。

—— 佛洛伊德

(一)

西元 1895 年的夏天，佛洛伊德和家人到維也納郊外的一所別墅度假。這裡以前曾是供人舉行舞會和音樂會的地方，現在已經改成一所舒適的家庭旅社了。

7 月 23 日的晚上，佛洛伊德在這裡做了一個夢，後來就成為著名的「依瑪的注射之夢」（Specimen Dream）。

關於這個夢，佛洛伊德在他後來出版的《夢的解析》中也敘說了：

> 1895 年的夏天，我在為病人依瑪做治療。她是一個年輕的女孩，也是我們家的朋友。她的歇斯底里症焦慮症已經好多了，但她還有其他身體上的疾病。我建議她做點事情，但她拒絕了，於是治療中斷，恰好我們全家也出去度假了。
>
> 7 月 23 日，有一個同事奧多在旅社裡見到我。奧多與依瑪以及依瑪的父母同住在鄉下。他告訴我，依瑪「比較好了，但還沒有全好」，我覺察到，他的臉上有一種不滿的神色，那表情好像在說是我沒有努力為依瑪盡力治療。
>
> 那天晚上，我就把依瑪的病例寫了出來，並把它交給 M 醫生的兩位普通朋友（那時是我們圈子裡的領導人物），為的是能夠澄清我的立場。
>
> 當天晚上，我就做了有關依瑪的夢。第二天醒

來，我把夢記錄下來：

在一個大廳中，我們在為瑪莎慶祝生日，依瑪也來了。我立刻把她拉到一旁，責備她不曾按照我建議的方法進行治療。我說：

「如果你仍然感到身體疼痛，那只能是你自己的錯。」

依瑪回答說：

「如果你知道我現在喉嚨、胃部和小腹都疼痛的話，你就不會這麼說了。」

我很驚訝看著她，她的臉色蒼白而腫脹。我想：我一定是沒有注意到她的某個器官問題。

然後，我把她拉到窗前，檢查她的喉嚨，她做出反抗的樣子，好像是戴了假牙。我自忖：她實在是沒必要這樣做。

後來，她還是乖乖張開嘴巴，我在右側發現一大塊白色的東西，在另一個地方我看到許多灰白色的疤痕。

我立刻請M醫生來證實我的看法。我的同事奧多就站在她的旁邊，而另一個同事正隔著衣服為她聽診，並說：

「她的左下方有一個沒有反應的地方。」

隨後，他又指著依瑪左肩一部分皮膚，那裡已經被細菌滲透了。M醫生說：

「那是發炎了，但沒關係，痢疾將會接踵而來，毒素就會清除。」

……

我們立刻知道了發炎的原因。原來在不久前，奧多為她注射了一大堆的丙烷基、丙酸、三甲胺等等。他不應該這麼胡亂給依瑪注射這些東西，而且注射筒可能都沒有消毒……

佛洛伊德透過分析這個夢境，發掘出隱藏在他的精神世界內部的情況，也就是佛洛伊德做這個夢的動機。佛洛伊德說：

「這個夢讓我達成了幾個願望，這些都是由前一個晚上奧多對我說的話，以及我想記錄下整個臨床病歷所引發的。整個夢的結果，是想表達依瑪現在之所以仍在受罪並非我的錯，而是奧多的。因為奧多告訴我，依瑪並未痊癒，這句話惱了我，我就用這個夢來嫁禍給他。這個夢得以利用其他一些原因來使我解除了自己對依瑪的歉疚，呈現出了一些我心裡所希望存在的狀況。所以，我可以說：『夢的內容是在於願望的達成，其動機在於某種願望。』。」

佛洛伊德很重視這場夢所表現出來的內容、形式，以及與主觀的內在願望之間的關係。他認為，這場夢所呈現的上述關係具有普遍的意義。因此，在 1900 年 7 月 12 日寫給弗里斯的信中，佛洛伊德將這個夢及其解析看成是他「揭穿夢的祕密」的開端。

（二）

為了尋找問題的真諦，探索人類心理深層的奧祕，佛洛伊德如同當年在自己身上試驗古柯鹼的麻醉作用一樣，開始進行自我分析。

西元 1896 年秋，佛洛伊德的父親雅各去世，這給佛洛伊德造成了很大的打擊。從那以後，他常常感到，在他的意識後，有一條昏暗的路：那對父親的尊敬和熱愛，那全部的早年感受，父親那揉合了深遠的智慧和輕鬆愉快的想像的獨特性格，在佛洛伊德的腦海中重演出一幕幕的生活景象，留下了無窮的回味。

可以說，佛洛伊德的自我分析就是從父親去世後正式開始的。從分析中，他發現了許多具有感情色彩的東西，進而他又將這些感情的痕跡追溯到童年時代。他發現，許多兒時的經歷都表現出日常生活中的各種潛意識的動作、習慣性行為以及情感。因此，他覺得分析童年生活，對於尋找潛意識的形式及其內容有非常重要的意義。

在進行自我分析過程中，弗里斯（Wilhelm Fliess）是布羅伊爾介紹給佛洛伊德認識的，二人見解獨特，思想敏銳，志趣相投，很快就成為莫逆之交。

在自我分析剛一開始時，佛洛伊德就經常給弗里斯寫信，非常坦率告訴他一直以來埋藏在自己內心深處的幼年瑣事。弗里斯回信對佛洛伊德回憶起來的事情進行了分析，並向他提出一些問題，與佛洛伊德共同深究根源。

在懷念父親的時候，佛洛伊德將內心的感情帶回到過去的許多生活經歷當中，腦海中不斷浮現出一幕幕以往生活的場景。從這些場景和畫面中，他發現有一個共同的特點，就是這些往事中都表現出與感情和性格相關的事，這些經歷與日常生活中的各種潛意識動作感情和習慣性行為極其相似，這也更加驅使他去回憶分析童年時期的那些往事。

為了再現自己完整的童年經歷，他還借助母親的幫助，讓母親提供一些自己孩童時期的資料。透過多角度的追蹤，他逐漸找到了自己童年時期生活經歷的軌跡、情感發展的線索、性格變遷的痕跡等。

然後，佛洛伊德又將母親為他提供的資料與自己所能回憶到的印象聯貫起來，將自己在童年時期的心理表現和成年後的許多心理現象比較，這些成果為他進一步的自我分析工作提供了豐富的和有價值的啟示。

佛洛伊德的自我分析工作所取得的第一個重要成果就是發現兒童的「性本能」，以及演變對於人類一生心理發展的決定性影響。當他在自我分析中發現自己從小就有親近母親的特殊感情時，當他發現自己對母親的感情具有排他性、獨占性 —— 甚至由此對父親產生妒忌時，他得出了一個極其重要的結論，即：人從小就有一種「性慾」。而且，這種「性慾」構成了人的最基本的「原慾」，它是人的一切精神力和生命力的原動力之一，佛洛伊德稱之為「性動力」或「性原慾」。

由此，佛洛伊德進一步創立了「伊底帕斯情結」(Oedipus complex) 的理論，這一理論成為佛洛伊德精神分析學的基本理論之一。而這個理論也與他的潛意識理論一樣，是在自我分析和他的臨床實踐的基礎上建立和發展起來的。

(三)

「伊底帕斯情結」理論是佛洛伊德精神分析學的基本理論之一，它是由雙親一方的愛和對另一方的恨兩個因素組成的。在嬰兒時代和童年早期的環境中，男孩渴望母親，女孩渴望父親，這是普遍存在的現象。

然而，從原始社會到文明社會都有反對亂倫的嚴厲禁忌，每個人都知道這個禁忌，因此這些渴望變成了幻想，並永遠埋藏在潛意識的深處。在人的一生當中，這些幻想和渴望受到壓抑。

佛洛伊德認為，這是人的童年時代心理的基本內容，也是人類一切複雜的精神活動現象的根源。由於謀殺、亂倫是歷史上出現最早的罪行，是應該受到嚴厲懲罰的。「伊底帕斯情結」也像其他精神分析學理論的元素一樣，暗示著一般人有極為原始的、自然的欲望存在於身上。對大多數人來說，這種存在的現象對他們的道德都是一種恥辱，因此，人們對此往往具有負罪感。

父親雅各去世後，佛洛伊德從自我分析中忽然明白了自己對父親的罪過，這是因為他對父親的負疚感而很長一段時間遭受到精神折磨的根本原因。

「伊底帕斯情結」理論的建立，是佛洛伊德進行自我分析的成果。但這一情結的發現，卻讓佛洛伊德在 19 世紀的最後幾年中陷入孤立境地。

從整個精神分析學的發展來看，他的理論既奠定了精神分析學的理論基礎，確定了它在今後的發展方向，同時又在精神分析學派別上勾畫出了獨具特色、引人注目的具有象徵意義的標記，引起了大眾的誤解和攻擊。

需要特別指出的是，在進行自我分析中，許多材料不僅取自其他的病人、朋友，大部分都來自於他本人。這樣一來，就要把許多涉及私人精神生活的祕密公之於眾，這是佛洛伊德最初沒有預料到的，也超出了科學家發表自己論說的限度。

但是，在個人利害與追求真理之間產生衝突時，佛洛伊德毅然決定個人利害應服從科學真理。因此，他越來越注意將精力集中在那個隱藏在人的精神生活背後的潛意識上，由此又發現：做夢的現象與潛意識活動也有著密切的關係。

佛洛伊德開始在自我分析和臨床實踐中加強對夢與潛意識關係的研究。他首先對自己童年時代的夢進行了分析，並從夢中尋找神經病證患者的病原。在《歇斯底里症的研究》一書中，佛洛伊德認為，神經病證的病原可能是潛意識的基本成分。要想發現潛意識活動的規律，就必須在這二者結合上尋找線索。

佛洛伊德認為，夢是通往潛意識的基本途徑，因為夢的內容通常可以反映出已經被遺忘的童年生活經歷和鮮為人知的各種不易實現的願望。也就是說，夢是潛意識心理現象的自我表現。因此，對夢的解釋就成為治療精神疾病和研究潛意識活動規律的非常重要的方面。

其實從西元 1887 年起，佛洛伊德就已經開始收集、研究大量的夢例，決定寫一本關於解夢的書了。但一直醞釀到 1895 年，佛洛伊德才感覺時機差不多已經成熟。

1897 年，在醞釀了近 10 年之久，佛洛伊德正式動筆寫作《夢的解析》（*The Interpretation of Dreams*）一書。1899 年 9 月，佛洛伊德完成了《夢的解析》的最後一章，結束了全書的寫作。

《夢的解析》整整寫了兩年。開始時，佛洛伊德將解析夢看成是他進一步探索歇斯底里症機制和自我分析的一項研究，原本不打算將其成果公諸於世。但一經成書後，他卻又產生了發表的念頭。雖然他對其中涉及的隱私比較顧慮，對「密集的大多數」、對權威一向沒有信心，但這一想法很快就被打消了。

原因有兩個：第一，佛洛伊德始終堅持個人利益應服從於科學真理的需要，因此他決心不向那些所謂「密集的大多數」、權威屈服；第二，此時也正是佛洛伊德經濟再次陷入窘境的時期，任何需求，包括知識分子愛護面子的至上需求都要先讓位於填飽肚皮、維持生計的需求。

幾經猶豫之後，佛洛伊德還是將完稿交給了出版社，書在年內便付梓出版。西元 1899 年 10 月底，佛洛伊德就拿到了樣書；11 月 14 日，《夢的解析》一書已經出現在市面上了。不過，出版商在出版時間上玩了小花樣，在書上將出版時間註明為 1900 年。

（四）

《夢的解析》全書共分 7 章，除了第一章是對夢研究的歷史考察外，其他 6 章分別對夢的解析方法、夢的願望達成、夢的改裝、夢的材料與來源、夢的運作、夢程式的心理等進行了全面的闡述。它既是有關夢境問題的一部系統的科學文獻，也是精神分析學的重要著作之一。

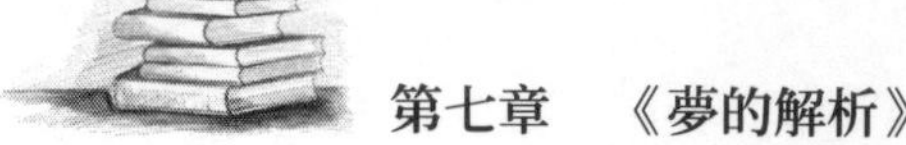

第七章　《夢的解析》

瑞士著名的精神病理學家卡爾·榮格（Carl Gustav Jung）說：

> 「佛洛伊德的《夢的解析》是一部劃時代的著作，而且很可能是迄今為止在經驗主義基礎上掌握潛意識心靈之謎的最勇敢的嘗試。」

然而，辛苦寫出來的書卻並沒有達到預期的效果。《夢的解析》初印 600 冊，開始時出版社很樂觀，向佛洛伊德承諾，書一定很快就脫銷，到 1900 年元旦就可以再版了。可結果卻令出版社大失所望，到年底只買了 100 多本，一直到 8 年後這 600 冊書才全部賣完，這種厄運在科學史上是很少見的。

佛洛伊德原本以為，這本書出版後會產生較大的反響，但事實也讓他很失望。由於銷路不佳，很多人不知道這本書。而在極少數知道這本書的人中，對此又是褒貶不一。

《夢的解析》出版 6 個星期後，一位名叫伯克哈特的人在《維也納時報》上發表文章，惡意汙蔑該書「毫無價值」；還有一個名叫雷曼的神經科助理醫生，在根本沒有讀過《夢的解析》的情況下，寫了一本書攻擊佛洛伊德的理論，並對別人說，佛洛伊德寫的這本書就是為了博取讀者的眼球。

但到了西元 1900 年，《柏林時報》、《白天報》等報紙卻發表文章，熱情稱讚了佛洛伊德這本書所取得的成就。

佛洛伊德本來是為專家、內行而寫的這本書，無奈他們對此毫無興趣。無奈之下，佛洛伊德又改弦更張，轉而訴諸普通讀者，從頭到尾將書重新改寫了一遍，使之讀起來明白曉暢，通俗易懂，並於 1901 年再次面世，希望可以引起普通讀者的注意。

然而，新書的命運也沒有好到哪裡，相當一段時間仍然是默默無聞。

是金子總是要發光的。10 年以後，該書才逐漸為人們所認識，在佛洛伊德有生之年也多次再版，一共發行了 8 版，最後一版於 1929 年問世。

從西元 1913 年至 1938 年，《夢的解析》先後被譯成英文、俄文、西班牙文、法文、瑞典文、日文、匈牙利文以及捷克文等，在全世界發行，從而產生了廣泛的影響。

與世人長期的漠然相向形成對比，佛洛伊德獨獨對此書信心十足，始終抱著很高的期望，這不僅因為此書是他幾年嘔心瀝血的辛勤結晶，更因為它也是佛洛伊德靈感處於巔峰時的閃爍。

該書之所以產生了如此重要的影響，還在於它的客觀價值：一方面，它首次透過自我觀察和分析了解了他人夢境的方式，從心理學的角度深入研究了夢境的機制，並借助這一研究進而對精神分析學說的理論基礎之一——潛意識領域，

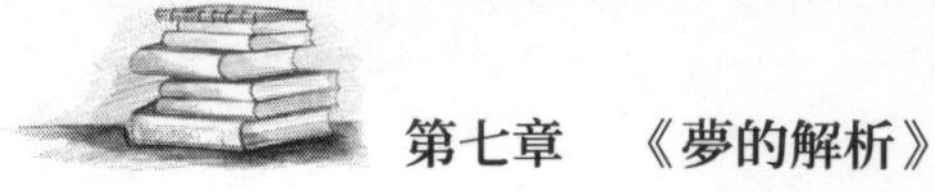

進行了令人信服的探討，成為精神分析理論的經典之作。

另一方面，它在精神分析學說中扮演了承前啟後的作用，是精神分析學說從精神病理學經變態心理學到常態心理學發展中不可或缺的一環。佛洛伊德對於《夢的解析》所居於的轉折位置也曾作過明確的闡述：

> 夢的重要意義，不僅在於它對於分析工作的支援，還在於其另一個特點。以往精神分析的關注點都是消除病理學現象，為了解釋這些現象，往往還要借助各種假說。這些假說面面俱到的特徵與我們研究的實際情況重點不相吻合。一旦精神分析深入到夢的研究，它所涉及的已經不再是病理學病狀，而是所有健康人都會產生的正常的心理現象。如果能證明夢的機制與病理學的種種症狀相類似，對夢的解釋也需要衝動、壓抑、替代、妥協、區分意識和潛意識心理系統等假說，則精神分析學說便不再是精神病理學的附屬學科，而是已經成為研究人的正常心理活動的新的深層心理學起點，其假說及研究成果便可以應用於對其他心理現象的探索。

正是因為有了上述這種看法，佛洛伊德才一直認為《夢的解析》是自己最為重要的一本著作。

第八章　逐漸走出孤島

我們整個心理活動似乎都是在下決心去求取歡樂，避免痛苦，而且自動受唯樂原則的調節。

——佛洛伊德

（一）

多年來，佛洛伊德的生活都是千篇一律。每年，他總要花 9 個月的時間在維也納，毫無懈怠工作；另外的 3 個月則用來休息，通常是到風光明媚的阿爾卑斯山去度假。

在度假過程中，佛洛伊德的消遣都單純而不奢侈，也不挑剔。每個星期六的晚上，他會與幾位朋友一起到附近的酒店，玩幾盤維也納的牌戲。到了週日，他會和孩子們一起到郊外的樹林中散步。每隔 2 週，他會到猶太人的社團中消磨一個晚上，那裡是佛洛伊德忘卻外面冷酷世界的避風港。

每年的假期基本都是固定的，很少改變。瑪莎和孩子們會先離開維也納，到他們預先租好的位於阿爾卑斯山風景秀麗的別墅中，隨後佛洛伊德才趕到。

每一次佛洛伊德的到達都會是假期的最高潮。他的大兒子馬丁說：「爸爸一到，我們大家就開始四處旅遊，登山踏青，採各種的野花。」

佛洛伊德一直都很嚮往羅馬。西元 1898 年秋天，他向弗里斯透露，他長久渴望的羅馬之行已經愈來愈接近實現之日。

西元 1899 年 8 月底，佛洛伊德在桑西與家人分手後，與弟弟亞歷山大結伴，於 9 月 2 日到達羅馬，在那裡觀光遊覽，停留了 12 天。

此後，佛洛伊德又前後去過羅馬 6 次，遊覽了威尼斯和那不勒斯，登上了維蘇威火山，憑弔了龐貝遺址。這種度假生活讓佛洛伊德的身心得到很好的放鬆。

從羅馬回來後，西元 1900 年，佛洛伊德開始集中精力研究人類的常態心理。從這時起，他開始研究日常生活中的各種心理現象，發現在人的日常生活中也如同在夢中一樣，經常發生一些潛意識的干擾性活動，這就有力地證明了潛意識的原始心理活動是做夢心理和精神病發作的基礎，也是常態心理的基礎。

換句話來說，透過對日常生活的心理現象的分析，佛洛伊德進一步證明了潛意識是包括常態心理和變態心理在內的一切人類心理活動的基礎。透過這一時期的研究，佛洛伊德總結寫成了《日常生活中的精神病學》（*The Psychopathology of Everyday Life*）一書。

直到西元 1904 年，該書才被整理完畢後出版。在這本書中，佛洛伊德將潛意識學說應用於人的日常心理生活當中，集中對遺忘、語誤、讀誤及筆誤、誤放、誤取和失落物品，以及其他種種過失行為進行了具體的分析，探討了產生這些現象的心理根源，從中發掘出潛意識的存在。

佛洛伊德在書中不僅引用了一般人的日常心理活動材料，還依據自己的實際經驗進行了研究，然後經由自我分析的方法，進行透澈的研究。

以前，人們都將把精神分析學理論神祕化，以為它深不

可測。而恰恰就在《日常生活中的精神病學》中，佛洛伊德密切連繫實際，深入淺出，讓這本書通俗易懂，使人讀起來津津有味、一目了然。任何一個人在閱讀這本書的時候，自始至終都會感到其中所舉的例子都是自己經歷過的。因此，這本書的材料也更具客觀性，更能引起讀者的共鳴。

佛洛伊德在為一般讀者所寫的介紹性文章裡，有時會將這本書中重點分析的錯失行為看得比夢的解析還重要。在他看來，夢境的追索雖然人人都可以作，但往往牽涉許多複雜的心理機制，也帶有更多的虛幻性，有時難免陷於晦澀。

透過對日常過失的分析，佛洛伊德進一步揭示了潛意識的存在，為潛意識學說開闢了新的途徑，增添了新的經驗材料。它表明：潛意識不僅表現在神經症狀和夢境當中，而且還浸透於人們的常態心理活動中。因此，對過失及其心理規律的研究無疑為潛意識學說的應用開闢了更為廣闊的領域。

（二）

一直以來，佛洛伊德都希望《夢的解析》一書出版後能給他帶來一定的名聲。但直到西元 1901 年，該書仍然乏人問津，這讓佛洛伊德的想法發生了一定的改變。

那時，佛洛伊德已經 45 歲了，他預感到自己的觀念終必傳世。因此，在從羅馬回到維也納後，他認為提升自己職業地位的時機已經到了。他喜歡羅馬，希望可以再去那裡，他也需要照顧家庭，讓一家子人的生活能夠有所保障，佛洛伊德開始迫切希望能夠獲得一個較好的地位，以便能夠讓他的生活有較好的經濟來源。

當時，教授這個職位可以為佛洛伊德帶來學術地位和社會地位，以及許多其他的好處，可佛洛伊德的前途並不被看好。有人認為，是他的猶太身分給他帶來了一定的障礙。

因為到 1901 年，佛洛伊德在維也納大學已經擔任了十六、七年的講師了，學校也打算委任他為副教授，他的名字也被呈送到教育部。但教育部卻沒有批准大學的推薦，學校甚至連續推薦了 3 次，都沒有獲得通過。

從當時的社會環境看來，雖然一個猶太人可能會獲得批准，一個視「性」為大多數事情之源的人也可能會獲得批准，但兩種情形加在一起，就讓當局者感到大傷腦筋了。

佛洛伊德為此還拜訪了他以前的老師西格蒙．艾斯納，希望能夠獲得老師的幫助，但老師表示自己的影響力不夠，是「高層人物」對他有偏見，所以勸佛洛伊德應該想辦法「走後門」。

佛洛伊德聽從了老師的建議，開始四處活動，最終在他的一位患者瑪利亞．馮．佛斯特女士的幫助下，他的申請獲得了教育部部長的同意。

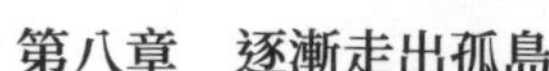

西元 1902 年，佛洛伊德獲得了維也納大學副教授的資格，他的地位提高了，診療費用也相應提高了，經濟狀況再一次有所改善。這些還不算是最重要的，最重要的是：這一職位的提高讓佛洛伊德對精神分析學以後的發展充滿了信心。

不過，就他的教書生涯來說，一切並沒有發生多大的改變。佛洛伊德在擔任講師時，學校就讓他隨意選取教學內容，而這些講課的模式同樣接續下來。在講課時，佛洛伊德有讓人信服的表情和化繁為簡的技巧，因此，許多人也會慕名來聽他的課。這些人原以為會聽到艱深晦澀的理論，但事實並非如此，大家都被佛洛伊德流暢的口才所折服，對他大為讚嘆。

每個星期六的晚上，佛洛伊德還會到維也納總醫院的舊精神病理診所去，在那裡做兩個小時的實驗示範。雖然來聽課的主要聽眾都是在大學裡上課的學生，但也有一些出人意料的聽課者，其中有些在他還沒當講師時就已經是座上客了。

在這些聽課者中，有一位是美國人艾瑪·高德曼（Emma Goldman）。在西元 1890 年，她遊學歐洲，聽了許多次佛洛伊德的演講。幾年後，她寫道：

「他的簡明、熱忱以及睿智加在一起，使我覺得自己走出了陰暗的世界，見到了亮麗的陽光。他幫助我了解了我自己和我自己的需要。只有心術不正的人才會毀謗佛洛伊德這個偉大而善良的人。」

（三）

雖然大多數人仍然不太重視佛洛伊德的見解，但形勢正在發生變化，一方面由於他自己下定決心，要讓大眾接受他的學說；另一方面，是因為他在最具有影響力的聽眾中宣傳他的理論。

有一次，佛洛伊德向弗里斯透露說：「其實我並不是一個科學家、一個觀察家，也不是一個實驗家或是一個思想家。我的本性，不過是一個冒險家，具有好奇心、勇敢和不屈不撓的特質。」

的確如此，一旦佛洛伊德這位「冒險家」獲得了副教授頭銜後，享受到他被賦予的新地位，他開始嶄露頭角了。

當時，一位名叫威廉·斯特克爾的維也納全科醫生在讀了佛洛伊德的《夢的解析》一書後，遂成為佛洛伊德最忠誠的追隨者之一。他使用精神分析的技術，在維也納的報紙雜誌上為佛洛伊德做宣傳，後來甚至宣稱：「我是佛洛伊德的門徒，他是我的基督！」

西元 1902 年，斯特克爾建議佛洛伊德召開一次小型的

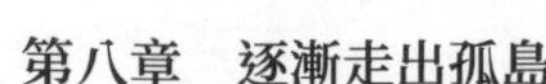

討論會。佛洛伊德接受了他的建議，並邀請了另外兩名曾聽過他講學的醫生馬克斯．科恩和魯道夫．雷特勒，以及一位最近主攻精神錯亂症的眼科醫生阿爾弗雷德．阿德勒，組成了一個「星期三學會」（Psychologische Mittwochs-Gesellschaft）。

此後，每逢星期三的下午，科恩、雷特勒和阿德勒都會來到佛洛伊德的診所，與佛洛伊德 4 人圍坐在一張橢圓形桌子旁，對精神分析學進行熱烈的討論。他們商定，每週的星期三都由每個人進行一項精神分析課題，並寫成論文在會上宣讀，然後大家進行討論。

「星期三學會」從西元 1902 年秋建立以來，直到 1906 年的 4 年間從未中斷過，而且沒有一個人退出。這在期間，佛洛伊德每天都會收到來自俄國、義大利、西班牙、印度、澳大利亞及南美等國的信件，請求給予指導或索取資料。這說明，佛洛伊德的精神分析學已經逐漸擺脫偏見、深入人心了。

雖然「星期三學會」的影響不斷擴大，一些聽說過學會討論或讀過佛洛伊德著作的人，陸續加入到佛洛伊德的圈子中來。

這些人的到來，讓佛洛伊德倍受鼓舞。他以無限的真誠和熱情接待他們，十分感激他們能來參加他的研討會。一些開業醫生也紛紛成為這個圈子的成員，輪流準備神分析學的課題，寫成論文宣讀後供大家討論。

這讓佛洛伊德覺得，他很長時間孤獨冷漠的生活似乎已經到了盡頭，加上他又獲得了在中歐地區令人敬畏的榮譽稱號，讓他的業務量與日俱增。在追求科學的道路上，一批志同道合的人，伴隨著他帶領精神分析學前進。

(四)

在這些人當中，卡爾・榮格的到來格外引起佛洛伊德的興奮。榮格是當時名揚國際的蘇黎世布爾格勒茲利精神病醫院的醫生，雖然剛 30 歲出頭，卻已經是享有盛名的學者了。

榮格在讀了佛洛伊德的《夢的解析》後，大為傾倒，從此與佛洛伊德頻繁通信，交流觀點和思想。榮格還稱自己是佛洛伊德的信徒。因此，榮格的到來自然令佛洛伊德異常興奮和激動。這表示著孤軍作戰十幾年的佛洛伊德有了更為廣大的盟友團，精神分析學似乎一下子從孤島走向了「國際」。

其實在榮格到來之前，他與佛洛伊德已經通信近一年的時間。西元 1907 年 2 月 27 日，榮格首次拜會了佛洛伊德。

榮格的到來讓佛洛伊德激動不已，他緊緊握住對方的手。當佛洛伊德平靜下來之後，他仔細端詳了榮格，發現這是一位身材魁梧、肩膀寬闊的彪形大漢。他的頭髮很短，一雙靈氣的眼睛在眼鏡下發出智慧的光芒，鮮明展現他充滿活力的堅強個性。

榮格說，他早就希望能見到佛洛伊德了。在蘇黎世，他都是在按照佛洛伊德的精神分析學為病人治病的，效果很好。如果沒有佛洛伊德的這項研究，他就無法找到自己研究的鑰匙；他還說，在佛洛伊德探索潛意識理論之前，人們就像生活在洞穴中一樣，什麼都不知道……

榮格說了許多讚美和感激佛洛伊德的話，甚至說佛洛伊德是「不折不扣地遵循了沙爾柯的教導，成為我們精神狀態最偉大的觀察者」。一番激動人心的讚美之詞，令佛洛伊德感到很不好意思。

兩個人的第一次見面，榮格滔滔不絕、興奮不已向佛洛伊德訴說了 3 個小時，而佛洛伊德則坐在椅子上靜靜聽著榮格的訴說，講述這他的新觀點、他的童年的夢以及用佛洛伊德的精神分析學方法治療精神病患者的那些病例等。尤其是近幾年來他在精神分析學不平凡的道路上工作的經歷和取得的成就，這些都是佛洛伊德很感興趣的。

這次會面給佛洛伊德留下深刻的印象，他本人對此也感到十分滿意。此後，佛洛伊德與榮格又通信兩三年，這充分表明榮格對佛洛伊德以及他的工作充滿了敬仰之情。他後來寫信告訴佛洛伊德，他將他們的這次會面視為他一生中最為重要的時刻。

而佛洛伊德也被榮格的人格及個性所吸引，他很快就決定將榮格作為自己理論研究的繼承人，並在一段時間內稱呼榮格為自己的「兒子和傳人」。

按照佛洛伊德的說法，在他的那些追隨者當中，榮格是真正具有獨創性的人。熟讀《聖經》的佛洛伊德一直都自比摩西（Moses），而榮格就是他親自選定的繼承摩西征服精神病症領域這塊迦南地的約書亞（Joshua）。

榮格果然也不負眾望。西元 1907 年，在蘇黎世出現了「佛洛伊德小組」，榮格成為當時的領導人，成員包括在心理分析方面做出貢獻的佛洛伊德在蘇黎世的許多追隨者。

第九章　在困境中走向世界

笑話給予我們快感，是透過把充滿能量和緊張度的有意識過程轉化為一個輕鬆的潛意識過程。

——佛洛伊德

（一）

在 20 世紀初期的幾年，佛洛伊德身邊的追隨者雖然逐漸增多，但反對者也不乏。為了進一步完善精神分析學的理論體系，用真實的例證來檢驗科學理論的正確性和可靠性，並以此回答精神分析學所受到的非議和攻擊，佛洛伊德在《夢的解析》和《日常生活中的精神病學》出版後，又於西元 1905 年發表了已經壓了 4 年的一份病歷報告，名為《朵拉：歇斯底里案例分析的片斷》（*Fragment of an Analysis of a Case of Hysteria*）。

朵拉是佛洛伊德在西元 1900 年接收的一個患者。她當時只有 18 歲，是個很有教養的女孩。在佛洛伊德為朵拉治療歇斯底里症不久，他就寫信給他的好友弗里斯，稱他得到了一個值得記載的病例。

為此，佛洛伊德用了 3 個多月時間的全部精力，集中整理和研究這個典型的病例。到 1901 年底，他寫出了好幾百頁的初稿。隨即，他將稿件寄給《精神病和神經學月刊》準備發表。

然而，當編輯接受這份病例報告並準備出版時，佛洛伊德卻突然改變主意，索回了稿件，然後鎖在抽屜裡壓了好幾年。

那麼，為什麼佛洛伊德要選在 1905 年發表這份病例報告呢？

這是因為，《夢的解析》等著作發表後，建立了精神分析學的理論體系，但同時也引來了學術界和社會輿論對佛洛伊德的指責和攻擊。對此，佛洛伊德毫不動搖，決心以堅定的毅力與頑強的奮鬥精神進一步完善和發展自己的理論。

這時，就理論本身來說，儘管佛洛伊德對常態心理的研究擴大和鞏固了潛意識的影響，但現在急需對潛意識和性的理論進一步加以完善，因為這兩個問題是精神分析學的核心問題。

另一方面，許多人在攻擊《夢的解析》等著作中的觀點時，往往都指責他的理論是未經實踐的胡言亂語。為了讓人們充分了解到精神分析學及其意義，現在就需要他在實踐中進一步驗證這一理論的正確性和可靠性。

由於這兩方面的考慮，佛洛伊德決定公開發表自己親自治療、並認真整理和研究過的朵拉病例。

在分析治療朵拉的病症時，佛洛伊德發現，朵拉各種病狀的背後有著嚴重的心理疾病，其根源是幼年時期未能解決好的「伊底帕斯情結」。這種心理疾病主要表現在以下幾重「三角關係」中：朵拉具有戀父心理，常常與母親作對，這形成了一種「三角關係」；朵拉的父親有個情人克勞斯太太，朵拉覺得她一心想從自己的手中奪走父親，這又形成了一種「三角關係」；為了報復克拉斯太太與父親私通，朵拉拚命與

克拉斯先生親近，這再次形成一種「三角形關係」。

朵拉的歇斯底里症就是在這種複雜、矛盾的心理互相干擾下形成並日趨嚴重的。

在為朵拉治療過程中，佛洛伊德循著朵拉童年事情的經歷和她的一些夢，漸漸撥開了籠罩在她潛意識深處的層層迷霧，終於將病根挖了出來，讓朵拉逐漸恢復了健康。

透過朵拉的病例，佛洛伊德進一步證實了他以前的研究結論：所有歇斯底里症的前身都是潛意識欲望所致，而這些欲望的內容大多與性有關。一切心理症的患者都是有著強烈性異常傾向的人，這種傾向在發展過程中受到壓抑而進入潛意識。而這些受到壓抑的原始性慾通常可以在人的童年時期找到蛛絲馬跡。

然而遺憾的是，當佛洛伊德經過對朵拉的治療及認真整理她的病例報告並發表後，同樣受到了各方的指責。一些人認為，佛洛伊德在一個少女面前談論性的話題簡直就是色狂行為；同行蔑稱他的這個病例是一個淫穢的病例。甚至那些曾皈依他的弟子們也不以為然，有的弟子還公然對他表示抗議，這讓佛洛伊德的處境變得再次艱難。

（二）

讓佛洛伊德的處境變得更加糟糕的，是他在這一年還發表了另外一部重要的著作：《性學三論》（*Three Essays on the Theory of Sexuality*）。

在前面的一些著作中，佛洛伊德已經指出，兒童的夢和焦慮情緒乃是因為性衝動而受到壓抑所引起的。因此，性是開啟心理奧祕大門的鑰匙。而朵拉病例的發表，雖然為性學理論提供了素材上，但究竟如何入手？需要經過哪些途徑和方法深入到潛意識中去揭開性的祕密？這是理論和實踐中迫切需要解決的問題。

在 20 世紀初期的歐洲，性問題還是一個十分諱言忌語的問題。在奧匈帝國，人們更是談性色變，誰敢公開談論呢？佛洛伊德的《歇斯底里症的研究》、《夢的解析》及《日常生活中的精神病學》等著作雖然已經奠定了精神分析學的理論基礎，初步形成了它的理論體系，但其中有關性的內容卻越來越受到學術界和社會輿論的斥責和諷刺。

在《朵拉：歇斯底里案例分析的片斷 》發表後，佛洛伊德花了大量時間研究性心理。這一研究成果就集中在《性學三論》一書中。

《性學三論》是一本僅有 86 頁的書。書中貫穿了佛洛伊德在西元 1880 年以來的各種觀點，是一種嚴謹的「性發展」

理論。其中包括3篇論文，分別討論的是「性的神經錯亂」、「幼兒性慾」和「青春期的轉換」。在這3篇論文中，佛洛伊德不動感情的討論態度以及論文本身的主題，都令當時的人們感覺受到了冒犯。

因此，《性學三論》剛一發表，汙蔑、攻擊、謾罵就接踵而來。成年人從書中映照了自己的幼年，看到還有什麼性慾，不禁大聲驚呼：過去的我和未來的幼兒難道就是這樣的嗎？

於是，眾口一詞：佛洛伊德的理論毒化了過去，庸俗了現在，損害了未來！就連多年親密無間的好友弗里斯都站出來指責佛洛伊德；公眾更是為此譁然，紛紛出來攻擊佛洛伊德和他的學說。

後來，佛洛伊德在回顧這段情景時憤慨地說：

> 「他們那種不可一世的蠻橫態度，強詞奪理的惡劣做法，以及粗俗卑劣的汙蔑和攻擊，實在是太過分了！」

面對這樣的困境，多年來受人責罵，陷入孤立無援景象一幕幕地從佛洛伊德的腦海中閃過。在科學的道路上，又誰會像他這樣，經歷過這麼多的艱難困惑和苦澀歲月呢？

不過，佛洛伊德的這本書在某些地方卻受到了歡迎。比如在英國，《英國醫學雜誌》幾乎用了一整頁的篇幅來讚揚佛洛伊德，最後的結論說：

「……當然，如果你對作者的睿智、勇氣和追求真理的無止境耐心沒有深切的體悟，你是不能讀這些論文的。讀了它們後，就不會再懷疑，為什麼我們需要對逐漸揭開性生活的全面知識和更加謹慎的引導。」

從西元 1905 年年底開始，雖然佛洛伊德備受許多人的指責甚至是謾罵，但他的名聲也正在提高。不久，他在英國、美國和瑞士又有了一小群支持者。

（三）

隨著精神分析學研究的逐步深入，西元 1905 年，佛洛伊德的《詼諧及其與潛意識的關係》（*Jokes and Their Relation to the Unconscious*）一書再次引起人們的重視。

在這本書中，佛洛伊德從「快樂的機制和笑話的心理發生」、「笑話的動機」、「笑話的社會作用」及「笑話與夢和潛意識的關係」等方面，對笑話和妙語的各自成分進行了分類研究。

佛洛伊德認為，笑話是潛意識非性慾的一個方面。在大多數情況下，笑話是由某種特別動機的潛意識形成的。笑話可以分為「惡意笑話」和「誨淫笑話」兩種，前者以攻擊和自衛為目的，而後者則往往使受阻的淫慾得到滿足。一個舉止端莊的人，無法接受不加掩飾的性慾解剖知識；而「誨淫笑話」卻可以令人如同親眼目睹了性的活動一樣。

該書一出版，同樣又受到了少部分人的擁護和大部分人的反對。

不過，佛洛伊德就好像一塊巨大的磁石一樣，深深吸引著那些精神分析志同道合的夥伴前來參加他的研討。有的還專門寫信給佛洛伊德，請求加入他的研討會；有的乾脆主動登門，自我推薦。

德國一位名叫亞伯拉罕（Karl Abraham）的醫生就專程從柏林趕來拜訪佛洛伊德，西元 1908 年，他在柏林建立了「柏林精神分析學會」（Berlin Psychoanalytical Society）。

此外，還有匈牙利的桑多爾．費倫齊（Sándor Ferenczi）、美國的布里爾（Abraham Arden Bril）和英國的歐尼斯特．瓊斯（Ernest Jones）等，也都紛紛來到維也納拜見佛洛伊德，後來這些人都成為推動佛洛伊德精神分析說走向世界的核心人物。

西元 1908 年 4 月，在一次星期三學會上，佛洛伊德提議將這個圈子改成「維也納精神分析學會」（Vienna Psychoanalytical Society）。大家聽後，都紛紛表示贊同，並推舉佛洛伊德為主席，奧托．蘭克（Heinrich Otto Wieland）擔任祕書。阿德勒還提議，大家應出資籌建一個圖書館。

同時，成員們商定，全體學會成員應前去參加在 4 月 26 日舉行的在薩爾斯堡召開的第一屆國際精神分析會議（International Psychoanalytical Congress）。

西元 1908 年 4 月 26 日，來自美國、英國、奧匈帝國、匈牙利、德國和瑞士等國家的 40 多位學者，在薩爾斯堡的布里斯托爾旅社召開了會議。

在這次會議上，佛洛伊德見到了來自英國倫敦的瓊斯和來自美國紐約的布里爾。三個人一見如故，一起到一間小咖啡館中喝咖啡。

第二天，會議正式開始。這是一次與眾不同的會議，會議未設主席、祕書、委員等職位。會上共宣讀了包括佛洛伊德的「病例史」、瓊斯的「日常生活的合理化」、利克林的「神話問題的解釋」、亞伯拉罕的「歇斯底里症與先天性痴呆在心理與性上的憂鬱型歇斯底里症」、榮格的「論先天性痴呆」、阿德勒的「生活中和精神病中的虐待狂」以及費倫齊的「心理分析與教育學」在內的 9 篇論文。

而與會者最關心的，還是佛洛伊德的發言。佛洛伊德應榮格所請，討論了一個強迫性症病例，後來這個病例以《鼠人：強迫官能症案例之摘錄》（*Notes upon a Case of Obsessional Neurosis*）而聞名於世。

這天，佛洛伊德坐在一張長型桌子的盡頭，其餘的人都坐在兩邊。佛洛伊德從上午 8 點鐘開始發言，一直到 11 點時，他表示自己已經說得太多了，應該就此打住，將時間留給其他與會者發言，然而與會者們都聽得入了神，紛紛要求他繼續說下去，結果佛洛伊德的發言一直持續到下午 1 點，能緊緊抓住聽眾注意力的長達 5 小時之久的發言，一定是值得一聽的內容。

在宣讀論文後召開的一次小型會議上，會議做出了一個決定：確定發行一份專供發表精神分析方面研究文章的刊物——《精神分析與精神病理學研究年刊》（*Jahrbuch für psychoanalytische und psychopathologische Forschungen*），由榮格擔任主編，奧匈帝國和瑞士聯合出版發行。這份刊物從西元 1909 年正式創刊，一直持續到 1914 年一戰爆發才被迫宣告停刊。

在薩爾斯堡會議結束後，瓊斯、布里爾和佛洛伊德三人還商定，由布里爾負責將佛洛伊德的精神分析學說譯成英文，以便在英美等國廣泛傳播。

西元 1908 年同樣是佛洛伊德多產的一年。在這一年，他透過大量的臨床病例的研究分析，還寫出了還《創造性作家與白日夢》（*Creative writers and daydreaming*）、《歇斯底里症幻想及其與雙重性慾的關係》（*Hysterical phantasies and their relation to bisexuality*）、《論兒童性慾說》（*On the sexual theories of children*）等論文，在科學雜誌上公開發表。

第十章　出訪美國

每個人都有一個本能的侵犯能量儲存器。在儲存器裡，侵犯能量的總量是固定的，它總是要透過某種方式表現出來，從而使個人內部的侵犯性驅力減弱。

—— 佛洛伊德

(一)

西元 1908 年底，佛洛伊德收到了一封來自美國的邀請函，位於麻塞諸塞州伍斯特市的克拉克大學要在下一年慶祝建校 20 週年，該校校長斯坦利・霍爾邀請佛洛伊德在校慶期間到該校講學，時間定在次年 7 月的第一個星期，旅行費用由克拉克大學支付。

斯坦利・霍爾（Granville Stanley Hall）是一位聲名卓著、受人尊敬的教育家和心理學家，也是實驗心理學在美國的奠基人。在課堂上，他經常講授佛洛伊德的精神分析學。在邀請信中，霍爾寫道：

> 「儘管本人無比榮幸地與您有私交，但我多年來對您的研究更是深感興趣。我曾努力學習過，而且對您的追隨者們的研究，我同樣頗感興趣。」

佛洛伊德覺得霍爾說這些話是出於真心的，因為兩年前霍爾發表了一本名叫《青春期》（*Adolescence*）的著作，其中曾有 5 次提到佛洛伊德及《歇斯底里症的研究》。在書中霍爾預言，佛洛伊德的研究將會對藝術界和宗教心理學產生重大影響。

因此，霍爾在信中還說，佛洛伊德的講座，「在某種意義上說，也許會在美國的這類研究上開創新紀元」。

那時，在佛洛伊德的心中，美國一直都是一個神祕的國家。他一直都想了解一下美國，特別是有機會能去參觀欣賞著名的尼加拉瀑布。

現在，霍爾的這個邀請可謂天賜良機。除了能滿足上述願望之外，更重要的是，精神分析學透過克拉克大學的講壇可以在美國得以傳播，甚至擴及全世界。因此，佛洛伊德激動地向瑪莎說：「這是世界上第一所大學邀請我作關於我的信仰的講座，這是最令人愉快的事情了！」

第二年，即西元 1909 年 7 月，在佛洛伊德準備趕往美國時，又收到了霍爾的信。信中說，佛洛伊德的差旅費用增加到 750 美元，校慶活動改在 9 月初進行了，佛洛伊德可在 9 月到克拉克大學講座。而且，克拉克大學還將授予佛洛伊德榮譽博士稱號。

當佛洛伊德將這封信向維也納精神學會成員公布後，大家都非常興奮，而且一致認為，這是精神分析學在走向官方承認的道路上又邁出了一步。

不久，佛洛伊德得知榮格也收到了克拉克大學的邀請函，便寫信與榮格商定屆時一起旅行。同時，由於霍爾校長給予佛洛伊德的差旅費夠他再邀請一個人作陪，佛洛伊德便邀請費倫齊陪他和榮格一起前往美國。費倫齊很激動，日夜訓練自己的英文會話，並閱讀了許多有關介紹美國的書籍和資料等。

一轉眼就到了 8 月，佛洛伊德還沒有準備講演稿，他打算在大西洋的航程中寫。8 月 19 日，全家人高興地為佛洛伊德送行，佛洛伊德也顯得十分愉快。

佛洛伊德經由慕尼克到達不來梅，正好榮格也從蘇黎世、費倫齊從布達佩斯也來到了不來梅。為了慶祝團聚，三人要了一瓶酒，喝得酩酊大醉。

21 日，三人一同從不來梅出發，乘「喬治．華盛頓」號船於 27 日到達美國紐約。

這時，布里爾已經在碼頭迎接他們了。面對以佛洛伊德為首的三位專家來到美國講解精神分析學，布里爾不知道有高興呢！他將三人團團保住，以表達對佛洛伊德一行的歡迎和感激之情。

第二天，布里爾便帶著佛洛伊德幾人四處參觀。先是參觀了中央公園，然後驅車前往唐人街和猶太人的聚居區。傍晚時分，他們又來到位於紐約長島的一個娛樂區 —— 科尼艾蘭遊覽。

第三天，他們又來到佛洛伊德嚮往已久的紐約大都會博物館，這裡陳列著佛洛伊德平時的興致所在 —— 古希臘的文物。下午，布里爾還帶領他們參觀了哥倫比亞大學。

到了第四天，瓊斯也加入了他們的行列，他們一起在哈默斯坦屋頂花園用餐，隨後又一同前往電影院。

9 月 4 日傍晚，他們一行人離開紐約前往波士頓和伍斯特，準備參加克拉克大學的校慶活動，發表演講。

（二）

其實，早在西元 1908 年秋，瓊斯就已經與莫頓·普林斯（Morton Prince）一起在波士頓舉辦過兩三次關於佛洛伊德學說的研討會了。

時隔一年，1909 年 5 月，也就是佛洛伊德來美訪問前不久，瓊斯又與哈佛大學神經學教授普特南一起在紐約舉辦了一次重要的研討會。在會上，他和普特南都宣讀了引發熱烈討論的論文。

由於瓊斯事先做好了這些鋪墊，所以美國的學術界對佛洛伊德的學說並不陌生，為數眾多的聽眾甚至早就急切盼望著佛洛伊德的來訪了。

在準備演講稿之前，佛洛伊德就演講的主題徵求了大家的意見。榮格從引發觀眾的興趣出發，建議佛洛伊德講一下夢的解析；而瓊斯建議，演講的題材、範圍不妨廣泛一些，不要局限於某一個課題上，應從頭開始描述整個精神分析學的內容，這樣聽眾更能理解這一理論的科學根基和發展前景。

最終，佛洛伊德採納了瓊斯的建議，準備就精神分析這個主題作全面的演講報告。

達到克拉克大學後，佛洛伊德被接到霍爾校長家中，並受到了熱情的款待。霍爾校長儘管已年近七旬，但仍然精神抖擻；被譽為「爽直、快活、心地善良」的校長夫人也非常好客，熱情迎接佛洛伊德的到來。夫婦倆還為佛洛伊德安排了兩位工作人員，專門負責佛洛伊德的日常生活。

佛洛伊德的講座是在克拉克大學的禮堂中進行的。講座開始這天，大廳內 400 多個位子座無虛席。在聽眾席上，還坐著幾位德高望重的哈佛大學院士，其中包括著名人類學家法蘭茲·鮑亞士（Franz Boas）、著名哲學家威廉·詹姆士（William James）和詹姆斯·普特南博士（James Jackson Putnam）。

佛洛伊德並沒有提前寫好講演稿，只是在上臺前的半小時中構思，首場講座進行得很成功，博得了熱烈的掌聲，許多聽眾都熱情與他握手交談，表示祝賀。

佛洛伊德也顯得十分高興。他不由得回想起曾經自己的精神分析學在歐洲的遭遇，一段時間內人們將其視為洪水猛獸，起初與他攜手共同合作開創這門學科的同行也都紛紛離他而去，一些人對精神分析學和他本人肆意攻擊、汙蔑，甚至是斥責、辱罵。

而現在在美國，卻完全是另外一片天地，他的精神分析學講座吸引了美國許多重要的、著名的人物。他們對精神分析學的興趣和認同表明：美國人對此是以誠相待的，佛洛伊德的精神分析學正在美國打開局面。這讓佛洛伊德大受鼓舞，對精神分析學的今後發展更是充滿了信心。

在克拉克大學，佛洛伊德總共進行了 5 次講演。首先，佛洛伊德介紹了精神分析這種治療方法的緣起。他重點刻劃了布羅伊爾教授在開創這一全新治療方法中的突出貢獻，以及布羅伊爾的方法是如何透過他的努力最終發展成為精神分析療法。同時，佛洛伊德還對這一全新的療法的理論基礎進行了進一步的分析。

其次，佛洛伊德講述了解析夢的方法和理論，以及由夢而入潛意識領域的新探索。然後，他又從歇斯底里症、夢和日常過失行為追究到這一切的根源 —— 性的因素，進而討論了幼兒性慾問題。

最後，佛洛伊德針對 20 世紀初美國中產階級的性觀念，專門討論了如何正確看待性問題，如何看待性與文明的關係等等。

整個講演過程，佛洛伊德都是用德語進行的，不加任何注釋。他的莊重、沉穩的談吐給在座的聽眾留下了深刻的印象。

佛洛伊德的講座結束後，引起了強烈的反響。據瓊斯回憶，著名哲學家詹姆士在聽完佛洛伊德的講座後，高興地將手臂搭在瓊斯的肩膀上，說：「心理學的未來是屬於你們的。」

當然，反對者也不是沒有的。多倫多大學的一位系主任面對佛洛伊德的講演說：

> 「從這裡，任何一個普通讀者都會概括出佛洛伊德在為縱慾辯護。而撤銷了一切限制，那就是倒退到野蠻的狀態中去了。」

可以說，這兩種截然相反的評價及其所引發的爭論，一直到後來，乃至現在都仍然沒有停止。

（三）

演講結束後，佛洛伊德的這次演講內容後來以《精神分析五講》（*Lines of advance in psychoanalytic therapy*）的名義發表，成為佛洛伊德的重要著作之一。

同時，佛洛伊德的講座引起強烈反應的另一個表現就是：當地的媒體極盡全力給予報導和宣傳。伍斯特的《電訊報》大量報導了佛洛伊德思想的主要內容；波士頓的《副刊》則客觀地報導了佛洛伊德的講座，還專門指派一名記者到霍爾校長家中對佛洛伊德進行採訪。隨後，刊登在刊物上的文章比較準確地描述並充分確定了佛洛伊德的精神分析學說及療法，以至於瓊斯在讀了這篇文章後說：

> 「這是一份保守的報紙給予佛洛伊德精神分析學

說以我見過的最好的認可。」

在這次講學中，佛洛伊德又結識了一些學術界的名人，並且受到了他們極其熱情的款待。尤其令佛洛伊德難忘的是他與威廉·詹姆士的會見。佛洛伊德後來在他的自傳中這樣描述了當時的情況：

> 這次美國之行還有一件事情讓我久久不能忘懷，那就是我和哲學家威廉·詹姆士的會面，我永遠不會忘記我們一起出去散步時發生的一件小事情。那天，我們走著走著，他忽然停了下來，將手中的包遞給我，要我繼續往前走，他說等他正好發作的心絞痛過去以後，他會馬上趕上來的。一年以後，他便以這種病而與世長辭了。此後，我經常希望在死神到來時，自己能夠像他那樣無所畏懼。

9月13日，佛洛伊德、榮格和費倫齊三人還參觀了壯觀宏偉的尼加拉大瀑布。大瀑布比佛洛伊德想像中的更加壯觀。然而，在遊覽中發生的一個小插曲卻讓佛洛伊德倍感失落。當他們一行人步入「風洞」時，導遊拍著其他遊客的肩膀，喊著：「諸位請靠邊，讓老人先走！」這句話讓佛洛伊德受到了傷害。佛洛伊德一向敏感提及年齡，當時，他53歲，難道已經是個老人了嗎？

在美國的最後一天，霍爾校長代表克拉克大學授予佛洛伊德榮譽法學博士學位。佛洛伊德帶上博士帽，穿上長袍，來到克拉克大學體育館。

此時，他心潮澎湃，萬分激動。榮格也頭戴博士帽，身穿長袍，走在佛洛伊德的旁邊。佛洛伊德邁著矯健的步伐，昂首挺胸，彷佛是凱旋的英雄一樣，準備接受綬帶。

霍爾校長將一塊彩色的綬帶掛在佛洛伊德的脖子上，然後大聲宣布：「授予維也納大學西格蒙德·佛洛伊德，業已有所成就的教育學流派創始人，當今性心理、精神療法分析法的領袖為法學博士。」

對這一榮譽，佛洛伊德激動地說：「這是對我努力的首次正式認可。這意味著，精神分析學的童年時代已經結束了。」

9 月 19 日傍晚，佛洛伊德一行抵達紐約，並於 21 日乘上「威廉一世皇帝號」郵輪結束了對美國的訪問，啟程回國。9 月 29 日下午，他們抵達不來梅港。

此次佛洛伊德赴美講學是非常成功的，一方面，它擴大了精神分析學的影響，使得精神分析學牢牢占領了美國這塊陣地；另一方面，它滿足了佛洛伊德的自尊心。後來，佛洛伊德也給自己的這次赴美講學以很高的評價：

> 對這個新世界的短暫訪問，使我深深受到了鼓舞，信心倍增。我在歐洲的時候總覺自己在受人輕

視，可到了美國，那裡的名人顯要都始終與我平等相待。當我登上伍斯特的講壇作演講時，一個難以置信的夢實現了——從此以後，精神分析學再也不是什麼妄想的產物了。

可以說，西元1909年是佛洛伊德的命運發生轉折的一年，也是他成果輝煌的一年。透過對美國的出訪，他的精神分析學得到了廣泛傳播，並給更多的人所公認。這一年，他的許多著作的英文版本也在美國出版，美國出現了一批宣傳精神分析學最得力的人士：在紐約，布里爾進行了大量的工作；在巴爾的摩、波士頓、芝加哥、底特律和華盛頓等地，有瓊斯在積極活動；霍爾和普林斯還分別主辦了《美國心理學雜誌》(*American Journal of Psychology*)、《變態心理學雜誌》(*Journal of Abnormal Psychology*) 等，經常刊登瓊斯等人寫的有關精神分析學的文章。

與此同時，這一年佛洛伊德還發表了《小漢斯：畏懼症案例的分析》(*Analysis of a Phobia in a Five-Year-Old Boy*)、《神經質病人家屬的故事》、《歇斯底里症發作概論》(*Some General Remarks On Hysterical Attacks*)、《一個強迫性精神病例的備忘錄》等論文。佛洛伊德還將當年的論文彙集成書，出版了《短篇論文集》。

第十章　出訪美國

第十一章　紐倫堡大會後的分裂

夢是人類對未完成願望的一種達成。

——佛洛伊德

(一)

佛洛伊德從美國回來後，便期待著西元 1910 年 3 月即將在德國紐倫堡召開的第二次精神分析學代表大會。

這次大會對於佛洛伊德來說，是佛洛伊德個人歷史上、也是精神分析學科學發展整個歷史上的一個重要里程碑。從這次會議以後，佛洛伊德便成為國際性的知名科學家，他的學說也迅速傳往世界各個先進的國家。而且，精神分析學從此也成為一門舉世矚目的新型學科，不僅被醫學界所重視，還被推廣到文學藝術、教育、人類學、宗教學等其他科學和實際工作部門。

在距離第二次國際精神分析學大會召開越來越近的時候，榮格卻應邀去了芝加哥講學。他向佛洛伊德表示，在紐倫堡會議召開前他一定會趕回來。

在這期間，維也納和蘇黎世的學者們之間也鬧起了越來越大的分歧。為了協調他們之間的矛盾，讓這次會議順利召開，佛洛伊德提前一天到達了紐倫堡，並找到卡爾·亞伯拉罕、桑多爾、費倫齊等人進行交談，商討如何協調處理好各方的關係，保證開好這次會議，促進精神分析學的進一步發展。

西元 1910 年 3 月 30 日至 31 日，第二次國際精神分析學大會如期在紐倫堡舉行。這是繼薩爾斯堡大會之後的又一次重要會議。很顯然，薩爾斯堡大會為這次大會的召開奠定了組織上和理論上的穩固基礎。

3 月 30 日的一大早，佛洛伊德就提前來到會場，為的是能與亞伯拉罕一起商討大會的有關事項。接著，與會學者宣讀論文，進行科學研討。佛洛伊德在大會上作了題為《精神分析治療法的前景》（*The future prospects of psychoanalytic therapy*）的報告。瑞士的兩位著名精神分析學家榮格和漢娜格也作了高品質的學術報告，充分反映了薩爾斯堡會議後精神分析學在理論上所取得的新成就。

佛洛伊德曾考慮要讓各國的精神分析學家更加緊密地合作，共同制定一個研究計畫，成立一個專門從事精神分析工作的組織。為此，佛洛伊德提前將這一重任委託給費倫齊來籌畫。

此次在進行科學討論以後，費倫齊便將他制定的關於未來組織的設想公布出來。可是，他的方案卻遭到了許多人的抗議。

反對者認為，費倫齊的方案低估了維也納精神分析學家的工作能力，因為他建議未來的精神分析學共同組織的中心設在蘇黎世，由榮格來擔任主席。另外，他的建議中包含有一些超出科學研究範圍的問題。他早在會前就向佛洛伊德表示：

「精神分析的觀點不能容忍民主平等，它必須有菁英為中堅，遵循柏拉圖式的哲學家統治路線。」

對於這種觀點，佛洛伊德也表示贊同。這就表明，在當時，佛洛伊德已經清楚預感到他的理論體系所可能引起的各種分歧看法。所以他要強調其理論觀點的統一性。

大會最終的討論結果是決定成立國際性協會，並在各國各地設立各個支會，但對費倫齊的方案作了修改。

佛洛伊德和費倫齊的觀點引起了維也納精神分析學家阿德勒（Alfred Adler）和斯泰克爾（Wilhelm Stekel）的反感。他們尤其不滿的是大會主席和祕書這兩個重要職位全由瑞士籍的精神分析學家獨占。他們認為，大會根本沒有重視他們長期以來無私的奉獻與研究成果。

而佛洛伊德對此的觀點是：精神分析學的研究工作要更加廣泛開展起來，因此不能僅僅局限於維也納的猶太人圈子，依靠他在維也納的兩個同事——阿德勒和斯泰克爾（他們兩人也都是猶太人）。他原先以為阿德勒和斯泰克爾會同意他的觀點，在聽到他們的反對意見以後，佛洛伊德只好到斯泰克爾的旅店住所去，想勸說他們顧全大局。

為了能緩和矛盾，佛洛伊德主動表示，他自願讓出自己「維也納分會主席」的職務，由阿德勒來擔任。同時，為了平衡榮格與阿勒德的地位和權力，他建議除由榮格主編原有的

《精神分析與精神病理學研究年刊》以外，再重新創辦一個新的雜誌，由阿德勒和斯泰克爾主編，該雜誌命名為《精神分析中心冊頁》（*Zentralblatt für Psychoanalyse*）。

在佛洛伊德的勸說下，阿德勒最終同意了佛洛伊德的建議，由榮格來擔任主席，阿德勒擔任新期刊的主要負責人。

隨後，榮格委任林克利爾擔當大會祕書，並主辦《國際精神分析學會通報》，用以定期報導學會各項日常活動、學術活動及出版消息等。

（二）

在佛洛伊德的極力平衡之下，在做出以上決定之後，紐倫堡會議終於落下了帷幕。

雖然會議中出現了一些矛盾和分裂，但無論從哪方面來說，紐倫堡會議都是精神分析運動所達到的前所未有的高潮。在這次大會以後，精神分析運動在世界上許多發達國家，如奧匈帝國、瑞士、德國、英國、美國、義大利、法國、匈牙利，甚至在俄國、澳大利亞等國家，都獲得了長足的進展。

從這次大會以後，精神分析學會的成員之間出現了裂痕，兩年前薩爾斯堡大會上那種團結、和諧、振奮的氣氛，如今已經蕩然無存。同樣，這一矛盾也包含著深刻的理論上的分歧，因此它是少有希望獲得解決的。

果然，在大會召開後的 5 個月，由於與佛洛伊德的分歧不斷增大，阿德勒宣布辭去維也納精神分析學會會長職務，並推出該組織。隨後，他又辭去了《精神分析中心雜誌》聯合編輯的職務。這一行為表明：阿德勒已經與佛洛伊德公開決裂。

同時與佛洛伊德決裂的還有斯特克爾。西元 1912 年 11 月 6 日，斯泰克爾宣布退出維也納精神分析學會。

事實上，當精神分析學在各國產生影響時，從一開始就出現了兩種不同的傾向：一種是主張聯合成為一個組織，並在學術研究中共同合作；另一種則認為沒有必要建立組織，且在學術觀點上要容許存在各種分歧。

第二種觀點認為，精神分析學是一門新興的科學。就精神分析這一工作的開創來說，它是富有啟發性的，這應歸功於佛洛伊德。但究竟該以哪種觀點去分析他人的心理，則有著極其廣闊的選擇餘地。

瑞士的布羅伊爾從一開始就不主張成立國際性組織。後來，在西元 1910 年的耶誕節，佛洛伊德與布羅伊爾進行了推心置腹的談話，布羅伊爾才勉強同意成立國際性學會。但不久他就從學會中退出了，將自己的興趣從心理學研究轉向精神治療法。

在精神分析學發展史上，榮格是繼阿德勒和斯特克爾後的另一個分裂者。

榮格曾是佛洛伊德最為器重的一位學生，維也納的學者們對佛洛伊德有意見甚至最後產生分裂，一個重要的原因就是佛洛伊德將國際要職讓給了瑞士人，尤其是榮格來擔任。

在 1909 年 9 月的時候，佛洛伊德與榮格一起赴美講學，那時佛洛伊德與榮格情深意篤。佛洛伊德曾多次將自己比作摩西，將榮格比作約書亞。摩西是傳說中猶太民族的古代領袖。據《聖經》上記載，摩西帶領猶太人擺脫了埃及人的奴役，從埃及返回迦南。約書亞是摩西的繼承人。

佛洛伊德用這樣的比喻顯然是將榮格當成了自己事業的繼承人。但從 1912 年起，佛洛伊德和榮格的關係就開始出現裂痕了。但毫無疑問的是，他們在理論上的分歧越來越嚴重。

不過，榮格與佛洛伊德的分歧也不是一下子就爆發出來的，也有一個發展的過程。在佛洛伊德發表《朵拉：歇斯底里案例分析的片斷》後，榮格就表示不滿。紐倫堡大會上，亞伯拉罕又根據佛洛伊德的觀點，寫了一篇神經病症與「性」的關係的論文，再次引起了榮格的激烈反對。

而 1912 年夏季即將召開國際精神分析學年會時，作為代表大會主席的榮格卻到紐約去講學了，致使一年一度的會議不得不中斷。同年，榮格又發表了《論原慾的象徵》一文，明確與佛洛伊德的理論對立。

對於這種分歧，佛洛伊德曾主動找榮格舉行了一次會談，但並沒有解決問題。

1913 年 10 月，榮格正式辭去《精神分析與精神病理學研究年刊》主編的職務，同時明確向佛洛伊德表示，此後不可能再與佛洛伊德繼續工作了。

幾個月後，榮格又正式辭去國際精神分析學會主席職務。至此，榮格與佛洛伊德徹底決裂。

榮格辭職後，亞伯拉罕接任臨時主席職務，著手籌備西元 1914 年 9 月將在德累斯頓召開的第四次代表大會。但不久第一次世界大戰爆發，會議不得不停止。

（三）

面對精神分析學組織內部複雜的矛盾和爭鬥，面對阿德勒、榮格和斯特克爾這幾位昔日忠實好友的分裂活動，以及精神分析學者們之間的摩擦和分歧，佛洛伊德的內心感到十分苦惱和憂傷，但他那堅強不屈的性格讓他沒有因此喪失信心，而是繼續千方百計地維護和發展這一事業。

1912 年夏天，佛洛伊德攜妻子一起前往卡爾斯巴特溫泉療養，在維也納與瓊斯和費倫齊談到了阿德勒、斯泰克爾的離去，以及擺在眼前的榮格在日漸離心離德等嚴峻的形勢。費倫齊提議，可以將分布在各個中心城市的、佛洛伊德親自為之作過精神分析的學會成員整合起來。

但經過討論，這個提議似乎不切實際。後來，瓊斯又提出組織一個類似於「老近衛軍」那樣的，由一小批可靠的精神分析工作者組成的小組。這個小組的成員必須是佛洛伊德最親密的朋友。他們團結在佛洛伊德的周圍維護他，給他勇氣和信心。一旦將來再起紛爭，可以給佛洛伊德以安慰，也給他一些類似助手那樣的幫助，諸如對他人的批評給予答覆，說明佛洛伊德搜集資料、文獻，為他提供來自小組成員自己的經驗例證等。

另外，加入這個小組的成員還必須要遵守一項規定：成員一旦要背離精神分析學說的基本原理，諸如壓抑、潛意識、幼兒性慾等，都必須事先與小組的其他成員討論他的見解，否則不得分開發表。

這個提議得到了費倫齊的支持，隨後，他們又將提議分別告訴了蘭克和佛洛伊德本人。蘭克自然是支持的，佛洛伊德在得到消息後欣喜之情更是溢於言表。這在後來他給瓊斯的回信中就可以看出來：

> 你提議，由我們中間最優秀、最忠誠可靠者組成一個祕密組織，在我過世以後繼續推進精神分析事業，使之免受個人因素和意外事件的影響，這個想法實在令我心動。……我知道，這個念頭有些孩子氣，但或許正可以用它來應付實際中的需求。

> 我想，一旦我知道有這樣一個組織來守衛我的事業，我就會放心活著，坦然死去。
>
> 首先，這個組織的存在及其活動必須是絕對保密的。這個組織可以先由最初產生這一想法的你、費倫齊和蘭克等幾個人組成，下一步再加上雖然結識時間不長，但深得我信任的薩克斯，以及亞伯拉罕。當然，這需要事先需要你們幾個人的同意。而我，最好還是留在這個組織之外。
>
> 當然，我也會保守祕密，並為你所告知的一切而表示深摯的謝意。在你答覆我之前，我不會透露任何有關這件事的消息，甚至不與費倫齊交談。無論下一次發生什麼事，未來精神分析運動的領導人都將在這個雖小、但經過挑選的小組中產生。對於小組的成員，即使他們最終令我失望，我還是打算信任他們。

這個小組後來稱為委員會，於西元 1913 年 5 月 25 日成立。起初有 5 個人參加，主席為宣導人瓊斯，成員有費倫齊、蘭克、亞伯拉罕和薩克斯。以後，由佛洛伊德推薦，1919 年 9 月艾廷根（Max Eitingon）又加入該委員會。

雖然 1910 年紐倫堡大會上的分裂讓佛洛伊德感到很難過，但卻並沒有阻礙他繼續發展事業的決心。這年，佛洛伊德發表許多著作，包括：《原始語言的對偶性意義》（*The antithetical meaning of primal words*）、《戀愛生活對心理的寄託》、《精神分析學論文集》（*Collected Papers on*

Psychoanalysis)、《愛情心理學之一：男人選擇對象的特殊心理》（*A special type of choice of object made by men*）、《達文西對童年的回憶》（*Leonardo da Vinci and a Memory of his Childhood*）等。

在這些著作當中，有兩篇是最重要的：一篇是收集在《精神分析論文集》中的《關於兒童心理生活的經驗》；另一篇是關於達文西幼兒期回憶的那篇著作。在這兩篇著作中，佛洛伊德對幼兒的心理進行了更加深入的分析和研究，第一次系統性論證了幼兒「自戀期」的心理活動規律。

西元 1910 年夏，佛洛伊德還為著名作曲家古斯塔夫．馬勒（Gustav Mahler）進行了精神治療。馬勒患上了強迫性精神病，而且重複發作了三次。佛洛伊德為他進行精神分析後，他的病情有所好轉，病情改善了他與妻子的關係。這讓馬勒一家對佛洛伊德深為感激。

第十一章　紐倫堡大會後的分裂

第十二章　戰爭中的悲喜

常常有札根太深的思想，無法用眼淚沖刷掉！

—— 佛洛伊德

(一)

20 世紀初期，儘管帝國主義國家為爭奪巴爾幹地區而有過幾次戰爭，但一貫不關心政治的佛洛伊德卻沒有預料到第一次世界大戰會在西元 1914 年爆發。

在震驚之餘，佛洛伊德也表現出了昂揚的愛國熱情，好像有生以來第一次意識到自己是個奧匈帝國人，從不懷疑這場戰爭的正義性。但由於佛洛伊德已經超過了應徵年齡，不能親自應徵入伍了，因此在戰爭爆發的第二個星期，他就將大兒子馬丁送往部隊當炮兵，不久又將二兒子奧利弗和三兒子恩斯特送上了前線，當上了陸軍戰士和隧道兵。

但很快，佛洛伊德就讓自己冷靜下來，不再關心戰事情況，而是專心致志研究他的理論問題了。

戰爭爆發後的第一個月內，佛洛伊德堅持指導了兩份雜誌——《精神分析雜誌》和《意象》——的出版工作。同時，在 1915 年春的 6 個星期內，他又寫出了 5 篇包含著他的重要理論觀點的論文。其中，《本能及其變遷》（*Instincts and their Vicissitudes*）和《論壓抑》（*Perpession*）是在 3 個星期的時間內寫成的；他最滿意的《論潛意識》（*The unconscious*）是在 2 個星期內寫成的；而《悲傷與憂鬱症》（*Mourning and Melancholia*）則是在 11 天內完成的。

從表面看來，戰爭的爆發似乎並沒有嚴重地干擾到佛洛伊德的學術活動，即使是國際精神分析學會的活動也仍然沒有完全中斷。

但是很快，由瓊斯提議建立的「祕密委員會」的成員和維也納精神分析學會的成員就都陸續投入到戰爭當中去了。亞伯拉罕在德國的醫院服役；費倫齊在布達佩斯應徵入伍，當上了匈牙利騎兵部隊的上校軍醫；蘭科、薩克斯等人也相繼入伍服役。一時之間，佛洛伊德彷彿成了孤家寡人，有時不免感到「黯然而無望」。

而且，戰爭的爆發還導致佛洛伊德診療所的病人越來越少。在戰爭爆發之前，從歐洲各地來看病的人很多；現在病人寥寥無幾，有時好幾天都看不到一個病人前來。所以在佛洛伊德的一生當中，這算是一段最為空閒的時期。

利用這段時間，佛洛伊德寫出了不少論文。在西元 1915 年春末夏初的 6 個星期內，佛洛伊德就接二連三寫出了 5 篇以上的論文。這年 8 月，他寫信給瓊斯說，他計劃要寫的關於超心理學的 12 篇論文都已經全部完成了，並說他準備將這些文章以書的形式發表出去，但「現在還不是時候」。

後來，在這一系列論文中，有 7 篇沒有正式發表。據說，這些論文可能被佛洛伊德本人燒毀了，因為他對這些文章的內容感到不滿。

佛洛伊德不僅努力地寫作，還絞盡腦汁思考著各種問題。他用學術和理論上的艱苦研究工作來迴避外邊世界的繁瑣事務。他在給費倫齊的信中說：

> 「我給這個世界的貢獻大大地超過了它所給予我的東西。現在，我比以往任何時候都更加脫離這個世界，我希望這種狀況能一直維持到大戰結束……」

戰爭還在如火如荼進行著。佛洛伊德陸續聽到他的朋友、同事的長子陣亡的消息。他的 3 個兒子也經常出入火線，這讓瑪莎每天都提心吊膽，生怕接到什麼不幸的消息。

至此，佛洛伊德才從之前的狂熱中清醒過來。他意識到，自己犯了一個多麼愚蠢的錯誤，竟然宣揚戰爭，竟然為給人類造成傷殘和死亡的戰爭而激動！

到了西元 1916 年，戰爭造成了糧食的嚴重短缺，人們的生活非常困難。商店裡的東西越來越少，市場上的食物和衣服價格比戰前漲了兩三倍。由於煤炭缺乏，家中的烤火爐也成了擺設，佛洛伊德不得不在冬天裡裹著大衣、圍著圍巾、戴上帽子，用凍得半僵的手指握著筆寫字和校閱書稿。

（二）

為了解決生活的困難，佛洛伊德除了著述之外，再一次進維也納大學講課。這次他講課的講稿，就是 1917 年出版的《精神分析引論》（*Introductory Lectures on Psycho Analysis*）。

在這本書中，佛洛伊德明確介紹了精神分析學的全貌。書中還對過失心理學、夢的心理學、潛意識學說以及性學理論等進行了系統的闡述。可以說，這本書是對佛洛伊德前期思想的總結。

在佛洛伊德的學生當中，有一位名叫洛·安德利斯·沙洛姆的女學生。她是個非常善於發現偉大人物的人，她的朋友包括許多著名的文學家、科學家，如俄國作家屠格涅夫（Ivan Sergeevich Turgenev）、托爾斯泰（Leo Tolstoy），瑞典劇作家斯史特林堡（August Strindberg），奧地利詩人里爾克（Rainer Maria Rilke），奧地利劇作家史尼茲勒（Arthur Schnitzler）和法國雕塑家羅丹（Auguste Rodin）等人。

沙洛姆說，她曾迷戀於 19 和 20 世紀的兩位最偉大的人物：尼采（Friedrich Wilhelm Nietzsche）與佛洛伊德。因此，她一直都非常推崇佛洛伊德的科學成果，而佛洛伊德也高度評價了沙洛姆女士的品格。

在第一次世界大戰爆發後，佛洛伊德一直與沙洛姆保持著聯繫。沙洛姆在致佛洛伊德的信中表示，人類的未來是樂觀的。而佛洛伊德在給他的回信中說：

> 「人類將戰勝這場戰爭，但我確實意識到，我和我的同代人將再也不會看到一個快樂的世界。一切都是令人討厭的……」

佛洛伊德厭恨戰爭，對榮格等人的分裂活動也耿耿於懷。所以，他對形勢的看法也變得越來越悲觀。西元 1914 年，佛洛伊德曾在他所著的《論精神分析運動史》（*On the History of the Psycho-Analytic Movement*）中，嚴厲批評了榮格與阿德勒的觀點。在一戰爆發期間，他更是集中精力深入研究潛意識及其他有關人類精神生活的重大課題。透過這些不停著述，他試圖加強自己的理論陣地。

經過 1916 年的戰火，人們拖著疲憊蹣跚的步履進入到 1917 年。到這一年，戰爭已經進行了 3 年，卻似乎還看不到盡頭。

戰爭也讓人們的生活更加艱苦。佛洛伊德經常犯菸癮，卻沒錢買菸抽。在這一年佛洛伊德的許多信件中，他都會提到他的家人所面臨著缺糧的威脅。他還患上了重感冒，這讓他的身體日漸衰弱起來。更加不幸的是，他還患了嚴重的風溼症，寫字的時候，手總是不停顫抖著，但佛洛伊德卻在給朋友的信中說：

> 「我的精神並沒有受到動搖。……這就表明，一個人的精神生活是多麼重要啊！」

後來，他的朋友從美國給佛洛伊德寄來了一筆錢，幫助他緩解了生活的拮据；荷蘭的朋友還托人給佛洛伊德寄來了幾箱雪茄；費倫齊則利用他的軍官職權從匈牙利經水路給佛洛伊德運來了幾箱禁運食品……這樣一來，才幫助佛洛伊德一家度過了難關。

到西元 1917 年底，佛洛伊德的下顎癌的最初徵候開始表現出來了。他的下顎經常出現顫抖，而且還不時地出現劇烈的疼痛。這種病是最忌吸菸的，但對佛洛伊德來說，戒菸是很大的精神痛苦。佛洛伊德逐漸開始擔心起來，擔心會在母親去世前死去，這將給他的老母親一個不堪忍受的打擊。一想到這，他的內心就充滿了憂慮。

（三）

西元 1918 年 8 月，德軍固守多年的「興登堡防線」被英、美、法聯軍突破。德國的戰敗已成定局。

就在戰爭結束前夕，中斷了 3 年多的國際精神分析學第五次代表大會在匈牙利首都布達佩斯召開。

佛洛伊德在他的自傳中對此作了描述：

第十二章　戰爭中的悲喜

> 在德國全面崩潰之前，最後一次集會於1918年在布達佩斯舉行。當時，中歐同盟國曾派官方代表來參加大會，他們都表示贊同設置精神分析站，以治療戰場中的神經質病患者。可惜的是，這個目標一直都沒能實現。
>
> 同樣，我們的主要會員之一安東·費倫齊也曾設想了一套周密的計畫，準備在布達佩斯設立一個精神分析研究與治療中心，但也因為當時政治形勢混亂，加上費倫齊本人的造勢，最終未能實現。

此外，在布爾什維克統治匈牙利時期，費倫齊也以官方正式承認的精神分析專家的身分在布達佩斯大學開設了精神分析課。

佛洛伊德在這裡所說的中歐各國政府指的是奧地利、德國和匈牙利政府。這些國家的政府都派代表參加了大會，表明在世界大戰中出現了許多患有嚴重精神病的士兵。

西元1918年11月，第一次世界大戰宣告結束。匈牙利宣布獨立，奧匈帝國不復存在。新生的奧地利共和國境況不佳，維也納也是滿目淒涼，每況愈下。

為了一家人的生計，佛洛伊德不得不變賣他以前買下的奧地利公債和為瑪莎買的人壽保險。瑪莎每天都早早起床，出去東轉西轉，希望能買到一些乾癟的蔬菜、骨頭或者大麥等食物，但通常都是失望而歸。儘管如此，大家誰也不會抱怨。佛洛伊德在給瓊斯的信中說：

「雖然我們在艱難之中苦熬，但科學是讓我們挺直腰桿的強大支柱。」

在戰爭剛剛結束、紙張短缺的情況下，佛洛伊德還成功地出版了他的《精神分析短論集》第四卷。這一卷厚達 700 多頁，比前三卷的總數還要多。

同時，佛洛伊德還在這一年發表了他的愛情心理學中的第三篇論文——《處女之謎——一種禁忌》（*The taboo of virginity*）。另外，《狼人：孩童期精神官能症案例的病史》（*From the History of an Infantile Neurosis*）等，也都先後出版。

戰爭雖然結束了，但和平並沒有如期到來。社會的動亂讓佛洛伊德一家人的生活籠罩在一片陰影之中。佛洛伊德的診所收入少得可憐，他的孩子們也都找不到工作。由於經濟困難，佛洛伊德不得不舉債度日。通貨膨脹的結果，使他原有的價值 15 萬克朗的存款化為烏有。

在這樣窘迫的情況下，不幸的事情接踵而來。西元 1919 年底，瑪莎也因身患重感冒而更加衰弱了。

不過，戰爭帶來的直接後果就是精神病患者的人數更多了。同時，人們在精神上的空虛、苦悶和悲觀，也使他們更加重視精神分析學，希望求助於它來探索解除精神苦悶的奧祕。

因此，在戰爭結束以後不久，西歐各國的政府、學者和普通人等對精神分析學的興趣大大增加。這也使得國際精神

分析學會在各國的支會進一步得到發展，對精神分析的研究活動也日漸增多。

佛洛伊德在其自傳中說：

> 戰爭雖然摧毀了很多的社團組織，但對我們的國際精神分析學會卻毫無影響。戰後的第一次集會是在中立國荷蘭的海牙舉行的。東主國荷蘭殷勤地接待了來自中歐各國的挨餓的代表們，那種境景況令人感動。我相信，這是英、德兩國的人們在戰後廢墟上第一次圍桌而坐，共同友善討論雙方感興趣的問題。對於戰場神經病的觀察，終於打開了醫學界的眼界，使他們看到了心理因素在神經病中的重要地位。

西元 1920 年海牙代表大會的召開表明：第一次世界大戰使精神分析學獲得了進一步的發展，戰爭使精神分析學變得深入人心，滲透到一切與人類的精神生活有關的學科當中。精神分析學的發展開始邁入一個嶄新的階段，注入到文學、藝術、社會學、教育學、法學、政治學等各個領域；而在融入的過程當中，不僅精神分析學具有改造社會科學和人文科學的作用，精神分析學的不足之處也得到了發展和補充，其不準確的部分更是得到了糾正和改造。

由於佛洛伊德的卓越成就和精神分析學的發展，佛洛伊德也被維也納大學從副教授提升為正教授。面對這樣一個特殊的歷史時期，佛洛伊德決心進一步總結經驗，補充、修正和發展精神分析學的理論。為此，他開始創作精神分析學的另外一部重要著作——《超越快樂原則》（*Beyond the Pleasure Principle*）。

第十二章　戰爭中的悲喜

第十三章　「死亡本能說」

言辭具有不可思議的力量：他們能帶來最大的幸福，也能帶來最深的失望；能把知識從教師傳給學生；能使演說者左右他的聽眾，並強行代替他們做出決定。言辭能激起最大強烈的情感，刺激人的一切行動。

——佛洛伊德

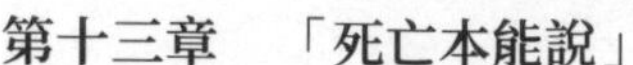

(一)

當海牙大會結束後，佛洛伊德打算與女兒安娜一起去英國，去看望他在曼徹斯特的親戚，並順路拜訪劍橋大學。然而，第一個障礙是安娜的簽證沒有及時寄到，第二個是當佛洛伊德準備單獨前往英國時，他的一位在柏林的親戚又因心臟病去世了，他必須到柏林弔喪，只好放棄這次英國之行。

等回到維也納後，佛洛伊德的桌子上已經堆了一大堆的信件，很多病人也在等待他的治療，他的時間很快就被占滿了。

世界大戰剛結束的幾年，佛洛伊德發現，世界各地的人們對精神分析的興趣日漸增長。在維也納，大約 20 年前就開始了的「星期三學會」現在再一次繁榮起來，成為國際性協會維也納分會，吸引了許多新的會員加入。

當佛洛伊德正在為振興國際精神分析協會維也納分會時，英國也開始重組精神分析結構。在一戰期間，英國倫敦精神分析學會中的一些具有影響力的會員都轉向榮格一派。西元 1919 年 2 月，瓊斯計劃「整肅」英國組織中的「榮格派」會員。佛洛伊德獲悉後，同意了他的建議，於是倫敦精神分析學會解散，瓊斯組織成立了英國精神分析學會(British Psychoanalytical Society)。

然而，美國的情況卻特別令人驚訝。在那裡，儘管有普特南支持佛洛伊德，瓊斯也曾孜孜不倦地宣揚佛洛伊德的主張，但對於大多數美國精神科醫生來說，佛洛伊德的精神分析法只不過是「廁所中的俏皮話或茶餘飯後興起的談資」而已。

除了拒絕認真考慮精神分析的懷疑者之外，還有一些「變節者」。其中有名的是薩姆爾・鄧南卜醫生。

1922 年初，鄧南卜醫生宣布了他的觀點：

> 「在我的經驗中，沒有佛洛伊德的那些解釋。所謂神經質因若用支配人類生活的其他本能來解釋，病人也能夠痊癒……神經質是由於個人與現實及世界的衝突而引起的，與他的愛情生活毫無關係。」

他還得出結論說：

> 「現在，人們如果在別的行業不能謀生時，就會轉行去當精神分析師。……而精神分析學根本就是偽科學，就像手相術、筆跡學和骨相學一樣。」

可以說，在西元 1920 年代初期，在混亂的美國精神治療界中，隨處都可以聽到這樣嚴厲的批評家的咆哮、狡猾的庸醫所做出的不實宣傳，以及頑固的敵人的恐怖雄辯。

儘管精神分析學的鋒芒太露，又有庸醫或江湖騙子的利用，但在 1920 年它仍然鞏固了一戰末期開始得到的基礎。

執業醫生和病人每年都在增加，尤其是在英國。在這裡，精神分析的地位要遠遠高過大多數歐洲的大陸國家。而且，精神分析學（Psychoanalysis）作為一種研究工具，還

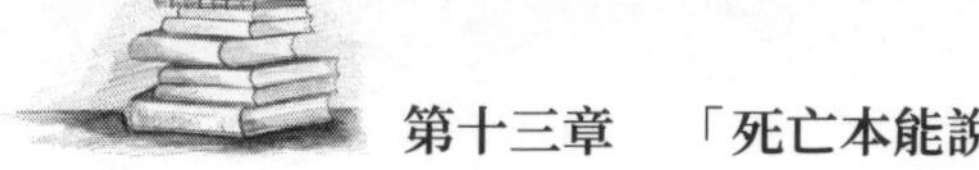

有助於解決文學、傳記和歷史上的謎團，儘管有時候因為使用人的經驗不夠而遭到非議與批評。

有時，佛洛伊德還會被一些「新佛洛伊德」的觀點所困擾。持這種觀點的人是一些精神分析師，但不像阿德勒、榮格和其他所謂「變節」者，他們雖然也接受佛洛伊德的基本原則，但卻強調佛洛伊德不太重視的一些東西，這改變佛洛伊德原本的學說。

西元 1920 年初，佛洛伊德晉升為維也納大學的正教授，但卻並沒有讓他真正享受到職員行列的待遇，奧地利人仍然不肯給他正式的認可。因此，當別人提醒他，他的名聲已經越過疆界時，他說：「除非先得到國內的承認，否則那就是不可能的。」

不過，佛洛伊德的名聲還是吸引了眾多來自國外的患者，尤其是一些美國人開始加入進來。佛洛伊德說：「我依賴外國的病人和學者，因為如果單靠奧地利國人的診費是不夠過活的。到這個月底，我有 4 個病人 —— 2 個美國人和 2 個英國人要走。這樣一來，我就有一段空閒的日子了。」

總之，在一戰結束後的那幾年中，佛洛伊德一方面給病人診療，另一方面，他再次將精神分析放在國際舞臺上，並努力阻止一些人無節制濫用。同時，他還將精神放在始於戰時的關於「本能的」的「超心理學」研究上。

佛洛伊德是在西元 1919 年春天開始這一研究工作的。他寫信給費倫齊說：

> 「我現在所說的，很多都相當晦澀，讀者們必須多用腦筋去思考。但是，我仍然希望你會對它們感興趣。」

(二)

在人類思想史上，關於本能的探索最早可最追溯到古希臘時期。那時，人們對自身的認識中，通常是從人的軀體中尋找動機的根源。

在早期社會心理學的單一支配理論中，古希臘的哲學家們提出了人的「本能快樂說」，認為追求快樂是支配人類一切行為的基本準則。人們的行為總是追求快樂與幸福，逃避痛苦與不幸，這種趨利避害的苦樂感受是人們一切行為的主要根源；而且，人們感受到的苦樂程度是可以加以量化的，它能夠從快樂與痛苦的持久性上加以測定。

這一思想在當時是很流行的。後來，許多心理學家都對這些觀點表示贊同，認為趨利避害是人們一切行為的動機，也是解除生理心理緊張的基本方法。所以，快樂和痛苦的感受可以推動個人的行為，從而緩解痛苦，增加快樂。

然而，快樂原則雖然可以支配和影響人的一些行為，但

絕不是人的行為的唯一原因。因為，快樂原則只是生理性的苦樂標準，是以機體的生理需要是否滿足為前提的。因此，在 20 世紀初，又有人提出：快樂原則只能是人的本能指標，趨利避害並不是人類本能的表現的觀點。人的本能會影響個人對社會的認知、興趣、情操、行為等，人的本能是其行動和思想的動力，並舉出求食、拒絕（排斥）、求新、逃避、對抗、性、母愛、群居、支配（統治）、服從、創造和收集等 12 種本能，同時還說明每一種本能都包含認知、情感、意志三個先天因素。

這種觀點認為，本能是一切行為的基礎。這種本能理論對 20 世紀初的心理學影響很大，但也遭到了一些心理學家的反對。在現代心理學中，雖然不常使用本能，但願望、需要、動機等與本能密切相關的範圍，仍然是非常重要的概念。

應該指出的是，佛洛伊德的本能理論發展中，進化論和遺傳學給了他很大的影響。在青年時期，佛洛伊德就深受達爾文（Charles Robert Darwin）的影響；在維也納大學讀書時，對生物學也很感興趣，常常聽許多生物學、生理學和神經學教授的課，這使他對後來的心理學研究建立了穩固的生物學基礎。

佛洛伊德的精神分析學在許多地方都是對本能心理學派

的繼承和發展。例如，以前人們認為，決定人的行為的主要動力是唯樂原則，即尋求快樂和滿足，這是由人的本能所決定的。而佛洛伊德研究後發現，在人的本能中，還有超出唯樂原則的更基本、更符合人的本能的原則，這就是強迫重複原則。

這種本能要求重複以前的狀態，因此具有保守性。比如人這樣的有機體，最初的狀態是無機狀態，人身上那種具有保守傾向的本能，所要恢復的就是這種無機狀態。

對於這種本能，佛洛伊德稱之為「死亡的本能」。

從根本上說，生的本能就是性的本能，因為它導致人類的繁衍生息，使人類的生命歷程得以延續；而死亡的本能只是破壞性的。由於這兩種本能的相互對立和相互依存，才奏出了人類的生命歷程中激烈的交響曲。

在佛洛伊德的早期著作中，論述潛意識學說、性學理論時，就曾經涉及到過本能的問題。但直到西元 1915 年出版的《本能及其變遷》（*Instincts and their Vicissitudes*）一書，才對本能的原動力、目的、物件和根源等進行了系統的闡述。

在佛洛伊德的後期著作中，更加集中地論述了他的本能理論。這個時期，這方面的著作主要有他的《超越快樂原則》、《群體心理學與自我分析》（*Group Psychology and the Analysis of the Ego*）、《夢與精神感應》（*Dreans abd*

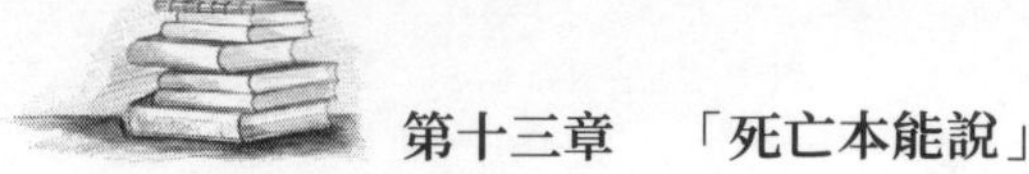

tekeoatgt)、《自我與本我》(*The Ego and the Id*)、《有關夢的解釋與實際》(*Remarks On the Theory and Practice of Dream-Interpretation*) 等等。

(三)

所謂「死亡的本能」，就是每個人身上存在的一種趨向毀滅和侵略的本能。死亡本能的存在，意味著任何一種有生命的物體都不能永遠地活下去，其最終結局必然是回歸到無機物質的狀態。從這個意義上來說，生命是一條通向死亡的回歸線。

死亡本能理論也是佛洛伊德後期思想研究的重要內容之一。其實，這個理論在西元 1900 年前後就已經開始萌發了，到 1920 年在《超越快樂原則》一書中才正式提出。

佛洛伊德認為，死亡以死的本能的形式，成為一種消滅生命的勢力，而所有生命的目標都表現於死亡。人類從誕生之日起，就有一種本能要以毀滅生命而重返無機形態為目的。這種自我破壞的本能就是任何生命歷程都不能超越的死的本能。它具體表現為破壞、傷害、征服、殘酷、恐懼、攻擊、虐待、自毀、侵犯、謀殺等等。佛洛伊德認為，這種本能是內在的，是人類普遍的天性。他說：

「如果我們把這個觀點 —— 一切生物毫無例外由

於內部原因而歸於死亡（或再次化為無機物）——視為真理的話，那麼，我們將不得不承認，一切生命的最終目標乃是死亡，而且回顧歷史可以發現，無生命的東西乃是先於有生命的東西而存在的。」

那麼，是什麼樣的動機致使佛洛伊德提出和研究死亡的本能呢？

客觀上說，是第一次世界大戰的關係。佛洛伊德生活的年代，是一個動盪變革的年代。在那個年代裡，他與所有同齡人一樣，渴望安寧，對未來充滿了希望，思想上時時表現出歐洲中產階級那種典型的樂觀主義幻想。

然而，西元 1914 年爆發的第一次世界大戰讓佛洛伊德簡直不能相信，人類還會有如此的瘋狂、仇恨和破壞。這迫使他根據精神分析學的其他原理提出了與生的本能相對立的死亡的本能學說。

而從主觀上來說，「死亡本能說」的提出與佛洛伊德曾患的「恐死症」有關。在 40 歲以後，他幾乎經常想到死亡。有時，他在與別人分別時還常常會加上一句：「你也許會再也見不到我了。」

這種對死亡的敏感及其強烈的反應，可以從他的童年中找到根源。

在佛洛伊德 6 歲的時候，有一次，他的母親告訴他：人

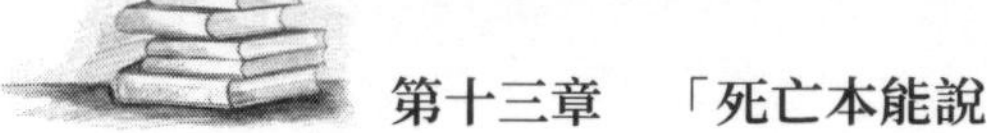

是由泥土做成的，所以人也必須再回到泥土中去。這個說法讓佛洛伊德非常吃驚。此後，他似乎在自己的腦海中經常聽到這樣的聲音——「你必定會死！」

可見，母親所說的「人必定要回到泥土中去」給他留下了不可磨滅的影響。

由此推測，佛洛伊德從小就對死亡感到吃驚，而成年後又具有恐死心理症，所以勢必會去研究死亡的問題，並提出死亡本能的理論。

在論述死亡的本能時，佛洛伊德特別重視同時代的生物學家維斯曼的觀點。維斯曼將生物機體區分為必死的和不死的兩部分，必死的部分是血肉軀體，它最終會自然死亡；不死的部分是生殖細胞，它能夠用一個新的軀體來包裹自己，在適當的條件下再次發展成為一個新的個體。

這種觀點對佛洛伊德的影響很大。他認為可以從這種研究成果中區分出兩種本能來：一是引導與性和遺傳無關的那部分軀體走向死亡的本能；另一種是性本能，它能夠使生命獲得更新。

西元 1915 年，即第一次世界大戰爆發的第二年，佛洛伊德寫了《目前對戰爭和死亡的看法》（*Thoughts For The Times On War And Death*）一文。在這篇文章中，佛洛伊德對戰爭與死亡的本能進行了集中的論述。

佛洛伊德指出，戰爭是人的仇恨、破壞本能的表現。戰爭的爆發就是具有強烈的破壞本能的人頭腦發脹、感情衝動的結果。這種衝動不僅個人有，整個團體、民族、國家也都有，人類的歷史就是一場愛神與死神相互爭鬥的戲劇，而戰爭的根源在於人的潛意識深處的死亡本能。

這也正如後來佛洛伊德寫給愛因斯坦（Albert Einstein）的信中所說的那樣：

> 根據我們的假設，僅有兩種可能：一種是力圖生存與聯合，另一種是力求破壞與殺害。而後一種本能我們稱之為侵略和破壞的本能。

由此，佛洛伊德得出結論：

> 「在我看來，戰爭無疑是一種完全自然的事情，因為它有著穩固的生物學基礎。它幾乎是不可避免的。」

不過，佛洛伊德的這種觀點將戰爭的最終根源歸之人類天生的本能衝動，本身就離開了社會的經濟、政治根源這樣的事實，而且又得出戰爭的「不可避免性」，顯然是在客觀上為法西斯及一切帝國主義國家發動侵略戰爭提供了論據，甚至是開脫了罪責，這是不被認可的。

總之，佛洛伊德不僅對人的本能進行了研究，還十分重視將生的本能和死的本能連繫起來分析，從中找到了兩者的真實聯繫。佛洛伊德指出：在兩種本能的關係中，首先，生

的本能是服務於生命的，維持和促進生命向前發展；死的本能則服務於死亡，竭力阻止生命向前發展，力圖將生命復歸到無機狀態。兩者相互排斥、對立。

其次，生的本能與死的本能又相互連繫、相互依賴，生命本身不僅包含生的種子，還包含著死的種子。

正是由於生與死之間的這種對立和統一，才使得生命得以存在並延續。

第十四章　解開心理人格的奧祕

良心是一種內心的感覺，是對於躁動於我們體內的某種異常願望的抵制。

——佛洛伊德

（一）

為了進一步揭開心理人格的奧祕，佛洛伊德在西元 1923 年又出版了一部重要的著作——《自我和本我》（*The Ego and the Id*）。在這本書中，佛洛伊德將以前的兩部人格結構理論發展為三部人格結構，即本我 (Id)、自我 (Ego) 與超我 (Superego)，從而形成了系統的人格理論。

人格理論在精神分析學中占有重要的地位。佛洛伊德利用這個人格模式，展現了作為個體的人是如何以本能為動力，進而發展為具有社會屬性和文明標誌的漫長歷程。

佛洛伊德說，潛意識學說只是描述了人們的心理結構圖式，《超越快樂原則》揭示了一系列的思想原則，而《自我和本我》討論的則是這些圖式、思想是如何進一步發展的。

也就是說，以前的學說都只是一種靜態描述，沒有突出動力學的意義，而三部人格理論則著重說明了心理過程的動力性質。這個理論將人的整個心理過程看作是一個能量系統、動力系統，而且，這個系統受物理、化學規律的支配。因此，佛洛伊德認為：人格學更加接近於精神分析學。

在人格結構的內部，當本我、自我和超我三者協調統一時，人的心理處於平衡狀態，人格就是正常的；反之，就是一個不良甚至是畸形的人格。

那麼，什麼是本我呢？

佛洛伊德起初認為，除了名詞之外，他也無法給出更多的知識，因為本我是人格中「模糊而不易掌握的部分」，比較形象化地描述本我，「可稱之為一大鍋沸騰洶湧的興奮」。但在佛洛伊德未完成的著作《精神分析大綱》（*An Outline of Psychoanalysis*）中，佛洛伊德還是對什麼是本我做了正面的解釋：

> 「『本我』的力量表現了個別有機體生命的真正目的，這種目的就在於滿足其內在需要。」

顯然，這裡所說的目的就是指人的本能，即「肉體對於心靈的要求」。

對於本我即本能的觀點，佛洛伊德還作過多次論述，並指出：

> 「『本我』於某處和身體的歷程直接接觸，從它們那裡取得本能的需要，做出心理的表示。」

本我以追求本能衝動和被壓抑的欲望的滿足為目的，它的唯一功能是及時發洩因內部或外部刺激而引起的興奮。本我的這一目的和功能，要求按照生命的快樂原則行事，快樂的原則能使人消除或降低緊張程度，並使之保持消除或降低緊張後給人帶來的歡樂和愉快。儘管本我不受統一意志、道德的支配和約束，但它在大多數情況下難以實現本能的衝動和欲望的滿足，往往受壓抑而感到沮喪甚至痛苦，但它遵循

快樂的原則是始終占優勢的。

佛洛伊德透過研究認為，本我總是古老而長存的。它缺乏理智、容易衝動、要求苛刻、孤獨乖僻、自私自利，就像是人格中寵壞了的孩子。

（二）

對於自我的概念，佛洛伊德認為，衝動不能達到生存和再生的進化目的，除了孩童之外，一般人的衝動行為都可能招來懲罰而遭受痛苦。一個人要完成生存的使命，就必須去適應現實環境，從外界獲得所需要的一切。這種人在與現實環境之間的交往中所產生的新的心理系統，就是自我。

自我是人格中最重要的部分之一，是人格的執行者，對本我和超我有著重要的控制作用，如果發揮得好，人格就能協調發展；反之，人格不能協調，甚至出現畸形發展。

自我以「現實原則」為指導，不受「快樂原則」的影響。在佛洛伊德看來，自我來自知覺系統，如果沒有知覺系統作為仲介，本我就不可能分化出自我。他指出：

> 「自我是透過知覺意識的仲介而為外部世界的直接影響所改變的本我的一部分，在某種意義上，它是表面分化的擴展。」

自我具有以下一些特性：

一，自我是個人心靈，尤其是自覺心理活動的主要代表，「我們稱呼知覺系統，並由潛意識開始的統一體為『自我』」；同時，自我也是對於自身，包括精神和肉體的自我認同，即自我所表示的除了心靈的自我之外，還包含對於自身軀體，及其從軀體與外界的接觸中所獲得的各種感覺的確認。」

二，自我的核心是知覺系統，這一知覺系統的最突出特徵就是理性。在這一方面，它與本我基本是相反對的。知覺系統具有敏銳的辨別能力，能夠更加精確地觀察和認知外部世界，它與思維、記憶系統在一起，加強人的判斷力。

三，從人格結構的角度來看，自我位於本我的外緣，是本我與外部現實世界的中間地帶。自我附著在本我的表層，但「並不是全部包住本我，而只是包住了一個範圍。在這個範圍裡，知覺系統構成了它的（自我的）表層，多少有些像胎盤依附在卵細胞上一樣。自我並不和本我明顯分開，它的較低級的部分併入本我」。顯然，自我與本我是一個連續的過程，最深層的是本我；中間層是本我到自我的過渡，是兩者的相互融合，從自我的角度來看，或許可以稱之為比較低級的自我；最外層則是比較高級的自我，也就是知覺。

四，自我的任務是依據現實原則，協調本我要求與外部世界的關係，「自我習慣與把本我的欲望轉變為行動」，同

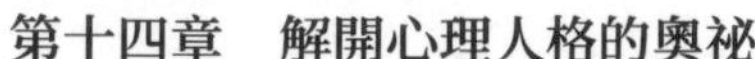

時又將「對能動性的控制歸自我掌握」。

在這裡所說的能動性，也就是本我的本能衝動。由此可見，自我的主要任務就是在本我與外界現實之間發揮居間中協調的作用。

（三）

人格結構中，還有超我。超我在人格中處於最高層次，是道德化了的自我。佛洛伊德說：

> 「在自我中存在著一個等級，在自我內部存在著不同的東西，可以把它稱為『自我典範』或『超我』。」

這個「自我典範」一般包括兩個方面：一方面就是我們通常所說的「良心」，代表著人在現實生活中「可以」和「不可以」的聯合力量，好比人格中專管道德準則的「司法部門」，對違反道德的行為進行懲罰；另一方面就是「自我理想」，它是確定道德行為的標準，如同人格中的「立法機關」。

從佛洛伊德上述對超我的界定可知：超我是一個與本我、自我並列的實體，這一實體是從自我中分化出來的，它的主要還內容是道德理想、道德規範，主要職責與活動是偵查、監視自身的行為，以及相關的以良心的形式對自身行為予以裁判。

佛洛伊德認為，超我是後天形成的，是源於父母、老師和社會的影響與教育。具體來說，超我是社會、師長，尤其是父母自身的超我，即父母的理想、目標和權威在孩子心目中的內化，孩子則透過父母的作用而逐步在心靈中建立起自己的「超我」。

在佛洛伊德看來，人格結構的內部關係主要是指以自我為中心的，自我與本我、外部環境以及超我的關係。但本我、自我和超我之間並沒有明顯的界限，三者之間的相互作用構成了統一人格。

本我不顧現實，只要求滿足欲望，尋求快樂；超我按照道德準則來對人的欲望和行為進行限制；而自我則活動於本我與超我之間，既要透過知覺和思維來滿足本我的要求，又作為控制系統把人們違背道德規範的慾念驅回到潛意識之中，對精神活動有著調節控制的作用。

在人格的三個方面當中，自我扮演的是非常難當的角色，既要受非理性的本我的逼迫，又要受嚴厲的超我的監督。對此，佛洛伊德說：

> 「有一句格言告誡我們：一個奴僕不能同時服侍兩位主人。可憐的自我卻處境更壞，它要服侍著三個嚴厲的主人，而且還要使它們的要求和需要相互協調。」

在人格當中，由於自我起源於知覺系統的經驗，所以它的本職是表達外部世界的需要。但是，它又往往與本我保持友好關係，成為本我忠實的「奴僕」。

當本我頑固不屈時，它會稱本我正在服從現實，將本我與現實的衝突掩飾起來，有時掩飾和調和它與超我的衝突。

另一方面，自我的每一步又受到超我的嚴格監視。超我對自我的處境毫不體諒，只要求自我按照它制定的准許行動。如果自我不服從，就會遭到懲罰。

自我就是這樣被本我所驅使，受到超我的限制，艱難履行著自己的職責。

按照科學的人性觀，人格的構成應該從社會和個人兩個面向來探討，既要看社會因素在人格中的決定作用，又不能忽略了個人的因素，比如生理、心理的差異在人格中的影響等等。

佛洛伊德雖然看到了人格構成中的社會因素，並且試圖揭示它與個人因素之間的關係，但由於他的人格學說是建立在本能決定論基礎上的，因此又過分誇大了本能的作用，將本能看作是人的心理過程及活動的決定性因素。

（四）

人格是一個複雜的能量系統，操縱人格三個部分運轉的能量叫做心理能量。

心理能量並不神祕，與其他形式的能量一樣，只不過進行的是心理工作，如思維、知覺、記憶等，這就和機械能進行機械工作是一樣的道理。

人格形成和發展的根本動力都來自心理能量。在人格的三個部分中，心理能量的分布和轉移構成了人格的動力系統，決定著人格的發展方向。

佛洛伊德認為，本我的能量是透過反射活動和願望滿足的活動這兩種方式來實現的。這兩種過程的目的都是用消耗能量來滿足需要，給人們帶來平靜的。

本我的能量都是在物件發洩過程中消耗掉的。有時，本能在選擇能量發洩物件時，可能會出現物件轉移的情況，這就是移置。就像飢餓的嬰兒一時找不到食物，就會把手指頭伸到嘴裡一樣。只要事物直接有某種具體的相似之處，就會產生移置。

本我的能量在釋放中通常會與自我和超我發生衝突，這時，本我就會竭力衝破阻力，如果衝破成功，它就以過失行為將能量發洩出來，如果沒有成功找到發洩能量的途徑，自我和超我便會使用這些能量，提供動力給自己的活動。

自我本身沒有能量，在本我的能量還沒有轉移到構成自我的潛在心理過程之前，自我並不存在。只有自我這一新的心理過程被賦予能量後，自我才存在於人格之中。而啟動自我潛力的出發點則是求同機制。

求同是內心世界與外部世界的一致、等同或吻合。由於求同機制的存在，使得本我曾用在形成事物意象中的能量被轉移出來，由自我反映在現實世界的真實面貌上。

這種能量的轉移，為自我的發展提供了動力。而隨著自我的理性功能的產生，更多的能量從本我中射出，注入到自我當中。自我從本我中吸收能量，除了滿足本能以外，還可以用來發展感知、學習、記憶、判斷、推理和想像等心理過程，從而促進整個人類文明的進步與發展。

而超我控制機能，決定了它可以從本我和自我中獲得心理能量，阻止本能的能量在衝動行為中釋放出來。這種作用叫做反能量發洩。而且，超我通常是將能量投入到對理想、道德的能量發洩上。一個人在理想、道德上釋放的能量越多，他就越能成為一個品行高尚、受人尊敬的人。

佛洛伊德在揭示這些人格動力的同時，還非常重視對精神分析學中焦慮範疇的研究。因為焦慮在人格發展和人格活動的動力狀態中有重要的作用。

焦慮是一種因外界的危險而產生的痛苦的情感。這種焦慮的知覺可以是先天遺傳的，也可能是後天形成的。

比如，嬰兒對黑暗的恐懼就是因為人類在製造和使用光亮之前，長期在黑暗中遭受危險，所以嬰兒一出生就會對黑暗產生恐懼感；而到了後天，嬰兒逐步知道，人在黑夜中經歷的恐懼要比白天多。懂得焦慮，人們就學會在焦慮信號發出後，很快做出有效的反應，以防患於未然。

根據以上的分析，佛洛伊德認為，由於人類自身的心理能量對外界現實的各種有效調節，以及自我中各種對付焦慮的機制的形成，才逐漸促進了人格的健康發展。這也是佛洛伊德在心理人格問題的研究上得出的重要結論。

第十五章
對美學及文學藝術的研究

你我所做的任何事情都起源於兩種動機——性衝動以及成為偉人的欲望。

——佛洛伊德

(一)

佛洛伊德在他的自傳中曾經談到，自從他寫了《夢的解析》之後，精神分析這一概念所涵蓋的已經不限於單純的醫學範圍。精神分析學說在法國、德國的一些國家一經面世，便被廣泛應用於一些與醫學並沒有密切關係的領域，諸如文學、美學、宗教、歷史、神話、民俗學等，甚至連教育學也包括在內。

佛洛伊德還指出：

> 「精神分析的這種種應用之發端，多數都可以在我的作品中看到。」

而佛洛伊德對於美學和文學藝術的研究，就是從《夢的解析》開始的，後來在他的其他著作、文章中也涉及到或專門論述過這類問題。

從一開始，佛洛伊德就將審美與文學藝術同精神分析學結合起來，使兩者在互相貫通、互相融合中發展。這種關係主要表現在兩個方面：一方面，精神分析學以文學藝術和審美經驗為論據；另一方面，文學藝術和審美經驗又給精神分析以解釋，以美的形象去宣傳、推動精神分析學的發展。

從現代西方的美學和藝術發展來看，美學表現得更加突出一些。這種突出的傾向，甚至演變成為美學中的一個新流派，這就是精神分析學美學，在西方產生了很大的影響。

佛洛伊德用精神分析學來分析美學，旨在探索那些沉睡在人們心中而沒有被社會規範和習俗的禁忌所沾汙的心理源泉。在佛洛伊德看來，這些潛在的心理源泉在審美、藝術、宗教和科學等許多領域，為人類的探索指出道路。

由於潛意識學說是精神分析學的重要理論基礎，所以精神分析學美學的基本原則，就是把審美和藝術置於潛意識之內。佛洛伊德就是因為這個才去研究和論述美學與文化藝術。

就某一審美物象的價值而言，美就是直接訴諸於我們感覺。所以美既存在於物象之中，又存在於人們的主觀評價之中。根據這種觀點，對物象的美感或審美觀念，都是從它的感覺出發，再經過深入理解，返回到感覺上來。

在現實生活中，人們往往從純生理反應出發，把對事物的快感和美感混為一談。佛洛伊德在剛開始談到審美問題時也是如此。他認為，審美就是一種美的享受，是一種快樂，是由愛的本能從美獲得的快樂。當人獲得愛的對象時，總會以各種形式刺激到自己的器官，感到某種滿足而得到快樂，這就是審美的快感。

從這些觀點可以看出，佛洛伊德的審美觀還帶著一些舊的唯物主義哲學傾向。因為快感主要屬於感覺器官受到外界

刺激時直接引起的生理反應，也就是純感覺。而純感覺或稱簡單感覺，只能及於物件的外表，不能及於物件的內在本質。

應該說，佛洛伊德的美學觀儘管在現代西方乃至世界美學和藝術界產生了很大影響，但它並不是盡善盡美的。佛洛伊德將美和藝術問題和深層的心理研究結合起來，提出了美、審美的根源在於性力、藝術是愛慾在幻想中的滿足等觀點。儘管這些觀點存在著錯誤和不足，但它畢竟是美學和藝術研究中的探索和突破，為後人的研究提供了借鑑和資料。

（二）

佛洛伊德曾說，他有一些「非醫學的興趣」，而文學藝術則顯然是其情有獨鍾、投入最多，且成果最為豐富的興趣之一。在佛洛伊德看來，精神分析與文學藝術可以說是有著不解之緣。就這兩者而言，佛洛伊德先是藉文學藝術所創造的藝術形象來論證他的精神分析學說，並獲得了驚人的成就；繼而，他又以精神分析學說來闡述文學藝術作品和文學藝術家的創作活動，也獲得了纍纍碩果。

佛洛伊德始終對文學藝術的研究抱著濃厚的興趣。早年時期，他曾廢寢忘食讀古今文學名著，提高自己的文學藝術修養。而且，由於他一直保持著和文學藝術界的連繫，關心文學藝術，努力創作實踐，從而使他對文學藝術的理論問題、美學問題、文學藝術史的問題以及寫作方法等問題，都有著很深的見解和造詣。

佛洛伊德本人的寫作能力也很強，而且文風優雅、樸實。他所遵循的基本原則既要表現出浪漫和想像的色彩，又要通俗、簡樸，可以為大多數人所接受和理解，這種基本觀點與佛洛伊德研究精神分析學的態度是一致的。

在他看來，一切精神科學以及與此有密切關係的人文科學，都必須反映人類心理活動的基本規律，只有這樣，寫出的作品才能引起人們的共鳴。

隨著精神分析學說的日漸成熟，佛洛伊德也開始將其應用到文學藝術領域，主要是用以闡述文學藝術家的作品及其創作活動。而「伊底帕斯情結」，則是佛洛伊德用來揭開諸多文學作品底蘊、開啟作家創作心理奧祕的一把鑰匙。其中，最為典型的就是佛洛伊德對於古代、近代乃至近現代的三部著名悲劇作品——《伊底帕斯王》（*Oedipus Rex*）、《哈姆雷特》（*Hamlet*）、《卡拉馬助夫兄弟》（*The Brothers Karamazov*）——的內涵進行了全新的詮釋：

> 「很難說是因為巧合，文學史上的三部傑作——索福克勒斯（Sophocles）的《伊底帕斯王》、莎士比亞（William Shakespeare）的《哈姆雷特》和陀思妥耶夫斯基（Fyodor Dostoyevsky）的《卡拉馬助夫兄弟》

都表現了同一個主題——弒父。而且，在這三部作品中，弒父的動機都是為了爭奪女人，這一點十分清楚。」

在提出「伊底帕斯情結」時，佛洛伊德已經從前所未有的角度對《伊底帕斯王》做出了新的開掘。由此，《伊底帕斯王》不再屬於一齣命運的悲劇，所揭示的也不再是主觀意志與宿命抗爭力有不逮，最後釀成悲劇這一主題，而是對於發自人幼年的、存在心靈深處潛意識層面的、長期遭受壓抑的欲望揭示。

在佛洛伊德看來，這齣悲劇之所以贏得了人們如此深沉的共鳴，是因為隨著這齣戲情結的逐漸展開，我們感覺到自己內心深處深埋的願望得以宣洩；同時，也從中體會到一旦這種欲望成為現實，必然會釀成無法挽回、可怕的悲劇。

伊底帕斯無論作為一個神話，還是作為一齣喜劇，都是人類心理深層潛意識領域的壓抑改頭換面的表露。作為前者，它是群體潛意識的表露；作為後者，它是劇作家個體潛意識的表露。至於觀眾之所以能夠從中得到共鳴，是因為它與觀眾潛意識層面的壓抑契合，並且使觀眾透過看戲而將深埋在自己內心深處的這一情結宣洩出來。

對於莎士比亞著名的《哈姆雷特》，佛洛伊德也作了類似的解釋。通常，人們在闡發《哈姆雷特》的悲劇意義時，不外乎從兩個方面入手：一個是認為這齣戲揭示了人的生命活力被過度的智力活動所消磨；另一個是認為這齣戲描繪的是人的一種悲劇性格：猶豫不決、優柔寡斷等。

然而，佛洛伊德卻從該劇的兩個情節上發現了以往闡述難以自圓其說的地方：一個是哈姆雷特曾在盛怒之下毫不猶豫刺殺了躲在掛毯後面的傾聽者；另一個地方，是他曾處心積慮殺死了兩位謀害他的朝臣。

那麼，為何他對於父王幽靈的囑託卻要躊躇再三呢？

對此，佛洛伊德認為，這其中的奧祕就是該劇的真正內涵：哈姆雷特的仇人所行之事，弒其父而娶其母正是哈姆雷特自童年以來壓抑良久的內心願望。於是，他對仇人的恨意變為自己良心的自責所取代，因此遲遲不能下手。

佛洛伊德進一步說，哈姆雷特內心深處的基本矛盾實際上也是莎士比亞自己和一切讀者所共有的。他說：

> 「哈姆雷特的遭遇其實是影射莎翁自己的心理。而且，由布蘭德斯（Georg Morris Cohen Brandes）對莎翁的研究報告（西元 1896 年）指出，這一劇本是在莎翁的父親死後不久（西元 1601 年）所寫的。這可以說莎翁在哀挽父親的同時，他的被潛抑的感情得到機會復甦。還有我們也知道，莎翁那早夭的兒子，就是取名叫作哈姆涅特（發音與哈姆雷特近似）。」

所以，究其實質，《哈姆雷特》同樣是一出揭示「伊底帕斯情結」的悲劇。

佛洛伊德還舉出下述事實來旁證他的分析：莎士比亞正是在其父去世不久後寫出這齣悲劇的，該劇與作者莎士比亞對父親矛盾心理的內在連繫於此也可見一斑。

此外，陀思妥耶夫斯基的明著《卡拉馬助夫兄弟》當中，也具有弒父的情節，而作者對於書中的人物則抱著「仁慈的憐憫」。佛洛伊德注意到，這本書中弒父的故事和陀思妥耶夫斯基的父親的命運有著明顯的連繫。由此他推斷，這部小說也是作者潛意識心理的不由自主的流露。

雖然能直接納入「伊底帕斯情結」框架的文學藝術作品數量有限，但在佛洛伊德看來，文學藝術，以及美的性質，從根本上說依然是與「伊底帕斯情結」、與人的潛意識具有密不可分的內在關係。這一觀點，可以從佛洛伊德對文學藝術的性質的論述中清楚表現出來。

（三）

就佛洛伊德對文學藝術作品及其創作活動的探討來說，我們可以清楚看出，他總是在極力從潛意識理論的角度出發，闡釋文學藝術現象。

首先，佛洛伊德指出，文學藝術的實質是幻想和夢幻。他認為，文學藝術的創作是詩人的經過改造的「白日夢」和幻想。他指出：

「我們無論如何也不能否認，許多想像力很強的作品要遠遠超出那些最初的那種天真的白日夢的範圍和水準，但我們仍然堅持這樣一種猜測，即：即使那些走得最遠的白日夢變種，也可能透過一系列連續不斷的轉換，還原成為白日夢的原型。」

那麼，究竟什麼是白日夢和幻想呢？

佛洛伊德認為，白日夢和幻想是「那些願望未能得到滿足的人們心中生出來的」東西，這些願望中最基本的便是「性慾」和「野心慾」；白日夢和幻想「意味著某個願望的實現，或意味著對某種令人不滿意現實的改進」。

其次，佛洛伊德認為，這些幻想和夢幻具有時間特點。也就是說，白日夢和幻想總是和目前、過去和未來三個時間維度連繫。它們總是由眼前發生的，喚起某種強烈欲望的事件所引發；它們又總是與記憶中的幼兒時期的能使欲望得以實現的早期經驗相連繫；它們還會為自己製做出代表欲望實現的、將在將來發生的某個事件。

由此可見，佛洛伊德尤其強調欲望和童年生活回憶對於詩人、作家創作活動的特殊含義。這顯然是與他的精神分析學說的基本思想是一脈相承的。

此外，佛洛伊德還強調，文學藝術的創作是對於幻想和夢幻的改造製作的。他認為，白日夢和幻想都是人們心底最隱祕的、最不可告人的欲望和想法，詩人和作家絕不會輕易示人。

況且，即使披露這些願望想法，公之於眾，也不可能使受眾人從中獲得任何愉悅感。

因此，佛洛伊德就此猜測，文藝創作就是詩人、作家以某種技巧包裝了他們的夢幻和幻想，從而使受眾在作品中體驗到種種快感。

並且，這一改造製作主要集中在兩個方面：一個是借助交換、偽裝等方法，削弱幻想、夢幻的「自我中心」感，以便使作品能夠易於為受眾所接受；另一個是設法為夢幻、幻象提供某種形式或審美的快感，使受眾從其中得到快樂，並以此進一步幫助釋放出內心深處的更大的快樂。

佛洛伊德對於藝術的熱愛還表現在他的日常生活中，他的家裡布置、辦公室和書房的陳設等，都像一個藝術家的殿堂。欣賞人的創造物和藝術複製品，簡直成了佛洛伊德精神生活中不可分割的一部分。

有一天，瑪莎和米娜來到佛洛伊德的診所，看到這麼多豐富多彩、琳琅滿目的藝術品，米娜開玩笑說：「佛洛伊德，你如果放棄醫務的話，馬上就可以開一家古玩店。」

而佛洛伊德卻笑著說：「我就像一隻老鼠，藏堅果過冬。但是我越是置身於這些過去的雕像之中，我就越能傾向未來。」

（四）

隨著精神分析學的廣泛傳播，佛洛伊德的文學藝術理論逐漸成為現代文學和美學上的一股思潮，在西方現代文學藝術界產生了重要的影響。在受其影響的人當中，既有現代派作家，也有現實主義作家；有的不僅對佛洛伊德的理論進行了研究，還將其思想和方法運用到創作實踐之中。

佛洛伊德的文學藝術理論首先在他同時代的文學藝術家當中產生了重大影響。隨著精神分析學的發展，許多文學藝術家都不斷前來拜訪佛洛伊德。從 1920 年起，佛洛伊德也經常與羅曼·羅蘭（Romain Rolland）、湯瑪斯·曼（Paul Thomas Mann）、茨威格（Stefan Zweig）、里爾克（Rainer Maria Rilke）、威爾斯（Herbert George Wells）、薩爾瓦多·達利（Salvador Dali）等人保持著友好的往來。

西元 1915 年，奧地利著名象徵主義詩人里爾克首先拜訪了佛洛伊德。從此，象徵主義文學與精神分析學便緊密結合起來。

西元 1923 年 2 月，法國著名作家羅曼·羅蘭在給佛洛伊德的信中表示，在過去的 20 多年裡，他一直都在閱讀佛洛伊德的著作。次年的 5 月 14 日，羅曼·羅蘭在德國作家史蒂凡·茨威格的陪同下，拜訪了佛洛伊德。三人進行了愉快的暢談，並對創作和人的心理活動的關係認真探討。

羅曼·羅蘭與茨威格等人，代表了一批經受過第一次世界大戰的考驗，並在考驗中產生思想轉變的文學藝術家和科學家，而佛洛伊德也親身經歷了第一次世界大戰，親眼目睹了戰爭給人類和科學文化事業帶來的破壞。他和羅曼·羅蘭和茨威格等人一樣，厭惡這個「可惡的時代」。因此，他們在一起很談得來，不論是文學創作，還是社會現實，他們都有共同語言。

西元 1925 年，法國作家列諾曼拜訪了佛洛伊德，並與佛洛伊德一起討論了他的作品。他們認為，如果將精神分析學濫用於文學創作當中，將會導致極壞的後果。因為藝術創作中的心理活動是十分複雜的，藝術家為了增強作品的浪漫性和思想性，在心理深層的潛意識中自由翱翔，但藝術家還必須理性控制住自己，保持清醒的頭腦，而不能用純粹的感情去表現生活。

同年，丹麥著名作家布蘭德斯又拜訪了佛洛伊德。這位猶太人出身的哥本哈根大學教授是一個擅於文藝批評的評論家。佛洛伊德在和他的交談中，暢所慾言地表達了自己對文學創作的看法。

西元 1925 年 6 月，美國聯合電影公司準備拍攝歷史愛情故事影片，敘述自安東尼（Mark Antony）和克麗奧佩脫拉（Cleopatra）的愛情故事開始，直到當時為止所有動人的愛情故事。電影導演首先透過亞伯拉罕求助於佛洛伊德，但佛洛伊德對此並不感興趣。

不久，美國聯合電影公司又派人親自聯繫了佛洛伊德，明確表示這部電影將會出現與精神分析學有關的思想，請佛洛伊德幫助拍攝，並付給他 10 萬美元的傭金。

佛洛伊德擔心影片的編導們沒有深入研究和領會他的理論，以至於歪曲他的觀點，所以一直不同意與導演們合作。但這部影片——《心靈的奧祕》最終還是拍攝出來了。而且，在未經佛洛伊德同意的情況下，紐約製片廠竟然宣傳說該片的每一個情節都是「由佛洛伊德博士設計的」。對此，佛洛伊德非常不滿。儘管如此，也足以看出佛洛伊德的理論在文學藝術當中的影響之大。

在佛洛伊德文學藝術理論的影響之下，許多文學藝術家不僅對佛洛伊德的學說開始感興趣，而且和他本人還建立了深厚的友誼，對他也十分敬重。

由於佛洛伊德在文學藝術界所產生的廣泛的影響，在西元 1926 年慶祝佛洛伊德 70 歲壽辰的時候，許多作家紛紛致電祝賀。

從西元 1927 年到 1929 年，佛洛伊德還發表了一些重要的文章和著作，在文學藝術理論上做了許多建設性的工作。

西元 1927 年，佛洛伊德發表了《論幽默》（*Humour*），

繼續探討在 20 年以前在《詼諧與潛意識的關係》一書中所探討過的問題。《論幽默》只用了 5 天的時間就寫成了。這本小冊子很成功地探索了幽默性文藝作品的創作問題。

1928 年，佛洛伊德又發表了《杜斯妥也夫斯基與弒父者》（*Dostoevsky and Parricid*），這是文學心理學中的一篇重要著作。

1929 年，他又寫了一本專門論述文學藝術的著作——《文明及其不滿》（*Civilization and Its Discontents*）。這本書集中展現了他關於現代文化的思想，書中所謂的「不滿」，其實是指人類心理生活中的煩惱、苦悶和不安等在文化中的表現。

可以說，佛洛伊德是現代科學思想界少有的人物。他一生不僅酷愛文學藝術，還把心理學與文學藝術結合得那麼完美；他不僅精通很多古典及現代文學藝術作品，還潛心古董和各種藝術品的收藏。他運用精神分析學的方法去研究分析人類在科學和藝術上的燦爛成就，其豐富而超乎尋常的想像力與深邃的綜合分析力，使他在許多方面都表現出富有創見的、獨特的見解，對現代文化繁榮和發展做出了突出的貢獻。

第十六章　與病魔勇敢搏鬥

我想不出比獲得父親的保護更強烈的兒童需求。

——佛洛伊德

(一)

經過長達幾十年的辛勤工作，佛洛伊德終於在其晚年時逐漸贏得了世界的承認和種種殊榮，這既是指他所獲得的諸多榮譽，更是指他贏得了世界著名學者、科學家、藝術家、詩人和作家的衷心讚許和誠摯的友情。

西元 1919 年，令佛洛伊德倍感欣慰的是他醞釀已久的維也納國際精神分析出版社終於問世了。長期以來，許多出版社對於出版精神分析方面的著作都一直心存顧慮，這就給精神分析學者們開展學術交流、宣傳科學研究成果、擴大自身影響等造成了障礙。因此，擁有一家自己的、專門出版精神分析專業書籍的機構便成為佛洛伊德及其同仁們多年的夙願。

其實，當時要成立一家出版社並不難，只是一個資金問題而已，但對於佛洛伊德來說，養家糊口艱難，何況投資辦出版社了。因此，佛洛伊德對此雖然籌畫許久，卻苦於沒有資金而令這一願望一直難以實現。

然而，這件事最終卻出乎意料得到了圓滿的解決。佛洛伊德的一位患者安東·弗羅因德伸出了慷慨之手，讓佛洛伊德的這個願望終於成為現實。

安東·弗羅因德是布達佩斯的一位啤酒商，不幸患病，多年都沒有治癒。後來聽說佛洛伊德的大名後，便慕名前來求診，竟然康復。患者感動之餘，便想對佛洛伊德有所答謝。

後來，他聽說佛洛伊德正在為籌措出版社的資金發愁，便慷慨解囊，斥資 50 萬美元為佛洛伊德興辦了專業出版社。

出版社成立後，開始陸續出版佛洛伊德的作品以及相關的書刊等。20 多年來，共出版數百種專業學術性書刊。《佛洛伊德全集》的第一版，也是從這家出版社從西元 1924 年開始出版發行的。

自從 1920 年起，佛洛伊德所首創的精神分析學說在文學藝術界的影響日漸廣泛和深入，佛洛伊德本人也愈來愈得到世界各國文學藝術家們的推崇。

西元 1929 年，英國傑出的小說家、諾貝爾文學獎的獲得者湯瑪斯．曼發表的文章《佛洛伊德在近代精神科學史上的地位》，對佛洛伊德有高度的評價，稱他是「20 世紀最偉大的思想家之一」。

由於佛洛伊德的文學藝術理論對各種文學創作的作用及重大影響力，西元 1930 年 7 月，德國歌德協會為佛洛伊德頒發了「歌德文學獎」。這是佛洛伊德非常重視的一項榮譽，他在自傳中說：

> 在我榮獲 1930 年歌德獎之際，我的女兒安娜代表我去萊茵河畔的法蘭克福市參加了該市市政廳舉行的授獎大會。這是我公民生活的最高峰。

之所以未能親自前往領獎，是因為此時的佛洛伊德已經重病纏身，故而未能參加盛典，由女兒安娜代為出席。

時隔 5 年後，佛洛伊德又獲得了一項殊榮 —— 英國皇家學會接納佛洛伊德作為該學會的名譽會員。

這一時期，佛洛伊德也贏得了世界許多科學家的友誼和尊重。尤其值得一提的，是佛洛伊德與著名物理學家愛因斯坦的交往。

西元 1926 年 12 月，佛洛伊德與夫人瑪莎一起前往德國柏林探望兒子。在此期間，佛洛伊德拜訪了愛因斯坦。

兩位大師首次會面，便交談了兩個多小時。兩位大師有所區別的是：一個人冥思苦想的是物理世界，另一個人孜孜追求的是心理世界；而兩位大師共有並相映生輝的地方，就是他們都是猶太人，都在各自的領域中取得了劃時代的成就。

（二）

就在佛洛伊德用他的成就征服世界，一步一步步入生命的輝煌之際，病魔也正一步一步向他悄然襲來。

西元 1923 年初，佛洛伊德在一次吃麵包的時候，發現麵包上有血跡，當時他並沒有在意。幾天後，佛洛伊德再次發現了血跡。

作為一個醫生，佛洛伊德想起了一句行話——「留心毫無疼痛的出血」，他開始重視起來。

起初，佛洛伊德以為只是牙齦發炎，牙根腫大，但幾個星期後，他發現腫塊並沒有消失，反而還增大了。佛洛伊德決定找專科醫生檢查一下。

佛洛伊德找到了維也納總醫院喉鼻科的診室主任、教授馬庫斯·哈耶克（Marcus Hajek）博士。哈耶克檢查後說：「不用太擔心，不過是長在硬顎黏膜上的白斑病而已。」

同時，他建議佛洛伊德做手術切掉這個東西。

幾天後，內科醫生菲利克斯·德斯（Felix Deutsch）來到佛洛伊德家中，佛洛伊德又請他為自己檢查口腔中疼痛的部位。

檢查完畢後，德斯的態度不是很明朗。他用平緩的語氣說：「哈耶克博士的診斷是正確的，您最好趁早切掉它。」

德斯臉上的表情，反而讓佛洛伊德不安起來。但為了不讓家人擔心，他沒有將病情告訴家人，而是自己在當年 4 月獨自一個人到醫院做了切除手術。

在給佛洛伊德做手術時，當哈耶克快要將整個腫塊摘下時，突然碰到了一根大血管，結果血一下子就噴了出來。佛洛伊德一下就陷入到呼吸困難的狀態，連連咳嗽，如注的血順著椅子不斷向下淌。哈耶克切下腫塊的最後一刀，取出腫

塊，然後趕緊為佛洛伊德止血。

手術一個月後，佛洛伊德又開始工作了，但精神很不好。這時聰明可愛的外孫海因茨從漢堡來到維也納治病。他當時只有 4 歲半，佛洛伊德每天與外孫一起玩積木、外出散步、喝咖啡等。外孫的天真活潑給佛洛伊德的生活帶來了快樂。

然而不幸的是，不久後，海因茨因患粟粒疹的肺結核而去世了。這對佛洛伊德是一個很大的打擊，他痛苦哭了起來。

「……這種無盡的悲傷已經深深地潛入我的內心深處，分秒不離地伴隨著我的工作。在我的思想中已經激不起智慧的火花，我很久都沒有寫出一行字。」佛洛伊德後來在描述自己當時在聽到這個悲痛的消息時說。

在這之後不久，佛洛伊德又說，海因茨之死「給我一次不可言狀的打擊。」「在這之後，我再也不對任何新鮮的事物感興趣。」

但一段時間後，他又說，他將海因茨之死給他的沉重打擊轉化成為一種巨大的動力，促使他除了發展科學的雄心以外再也不對其他事物感興趣 —— 他說自己已經對其他的一切事物都麻木了，心中唯有一個信念：努力啊，努力，在自己的有生之年，一定要達到自己的目標才行！

過了 4 個月後，佛洛伊德手術後的傷口不僅沒有癒合，反而開始向下顎擴展。德斯醫生將佛洛伊德介紹給歐洲最著名的口腔外科醫生漢斯．皮席勒教授。

8 月初，皮席勒教授為佛洛伊德進行了徹底的檢查後，不太樂觀地說：「佛洛伊德教授，您是一位醫生，也是一位科學家，您應該知道一切真相。」

「是的，皮席勒教授。」佛洛伊德平靜地回答說。

「那麼，我要說的是，您患上了嚴重的口腔癌，唯一能阻止它的只有手術。不過，這會給您帶來殘疾，您的上顎會出現一個洞。幸運的是，我們能夠用修復術對其加以彌補。」皮席勒教授對佛洛伊德說。

佛洛伊德靜靜聽著皮席勒教授的分析。皮席勒教授接著說：「對於您的手術，我打算分兩個步驟進行，為的是能夠控制這類手術中常見的大出血現象。」

佛洛伊德的心中一沉，但他還是冷靜地聽著皮席勒的治療步驟；第一步，拔掉右邊的牙齒，幾天後在右上頸部進行外科手術，結紮外部的頸動脈，再切除頸部的淋巴瘤；第二步，切除在硬顎區域內側的癌細胞痕跡，為此，可能需要切除一部分右軟顎、舌頭和右臉頰內的表面，以及牙齒一下的頜骨，這也是最為關鍵的一步。

同時皮席勒醫生建議佛洛伊德應該盡快接受手術，因為癌細胞已經擴散。

可是再過幾天，精神分析的核心小組就會聚集在聖克裡斯多佛舉行會議。而佛洛伊德早先還計劃要在8月分去羅馬，現在有兩個問題：第一，核心小組的成員還不知道佛洛伊德的病情有多嚴重，他們會不會勸他接受手術？因為佛洛伊德看起來自己也不太希望動手術；第二，佛洛伊德是按原計畫去羅馬，還是馬上做手術？

最終，佛洛伊德沒有接受皮席勒教授的建議馬上進行手術，而是去了羅馬。等他從羅馬回到維也納後，才知道自己的病情已經很嚴重了。

（三）

西元1923年9月底，佛洛伊德住進了醫院，準備接受手術。

而事實上，這次手術比預想的要複雜得多。外科醫生發現，必須先在一個屍體上進行實驗，然後才能決定是否進行手術。而且，還需要動兩次較大的手術，預定的第一次較小的手術在10月4日進行，一週後再進行第二次較大的。

第一次手術後一週，皮席勒教授按照預定計畫開始為佛洛伊德進行第二次關鍵性的手術。手術中，皮席勒小心翼翼一刀一刀將佛洛伊德的上唇切開，接著又沿著鼻子右邊快速切開，從口腔後部取出惡性腫瘤，再用鑿子和木槌敲打帶有癌細胞的骨頭，最後用切骨器取下有癌細胞的骨骼組織。

整個手術進行了 7 個多小時，隨後，皮席勒認真地檢查了傷口，然後從佛洛伊德的左臂上取下一塊皮膚，將臉頰縫回原處。

手術做完的頭幾天，佛洛伊德只能用鼻腔進食流食。上顎的洞裡面塞滿了紗布，痛苦萬分。

晚上，需要靠打嗎啡針止痛後，佛洛伊德才能入睡。幾天後，疼痛感漸漸消失了，但佛洛伊德感覺他的右臉頰麻痺了。平時他也只能吃一點流食，每天幾乎沒有力氣看書，注意力也只能集中一會。但是，他仍然記得皮席勒教授說的 10 月底他就可以出院的話，決定從 11 月 1 日開始工作。

10 月底，佛洛伊德出院回到家中，準備集中精力投入到工作當中。然而，佛洛伊德的願望不過是幻想罷了，因為他的口腔仍然疼痛難忍，上顎洞裡的堵塞物給他帶來了巨大的痛苦，往往吃一兩頓飯後就會發臭，而且每天都要到皮席勒醫生那裡做檢查。

回家不到兩個星期，11 月 12 日，皮席勒將先前手術割下的組織拿去化驗，結果顯示：疾病仍舊在繼續惡化中。皮席勒建議佛洛伊德再動一次手術，佛洛伊德無奈也只好答應。當天下午，皮席勒醫生又為佛洛伊德進行了一次小型手

術。這一切，給佛洛伊德帶來的打擊和痛苦自然是不言而喻的。

然而，對於佛洛伊德這樣一個意志非凡的人來說，病魔的打擊和折磨似乎沒有動搖他獻身科學、繼續工作的信念。他一邊與癌症病魔進行完全的搏鬥，一邊抓緊有限的生命繼續他的研究工作。

幸運的是，這次手術比較順利，12 月底，佛洛伊德回到家中，病情也開始有所控制，身體快速恢復。

西元 1924 年新年剛過，佛洛伊德就開始工作了。白天，他要診治 6 個病人，晚上繼續寫作。在這期間，他寫了《精神分析學：探索大腦的隱匿部分》、《精神病中的現實喪失》（*The Loss of Reality in Neurosis and Psychosis*）等。

同時從這一年開始，精神分析學會繼續在歐美各國獲得快速發展。「精神分析訓練研究中心」也紛紛在柏林、維也納、倫敦和紐約等地建立起來。

西元 1925 年，國際精神分析學大會在普魯士召開了第九次會議，由安娜代表她的父親宣讀了論文——《論兩性解剖學上的差異所產生的心理後果》。

在這一年的年底，亞伯拉罕因患肺癌去世了。雖然在最後的幾年內，亞伯拉罕與佛洛伊德之間的觀點出現了分歧，但佛洛伊德仍然很尊重他，也很珍惜與亞伯拉罕的友誼。他在為亞伯拉罕所寫的悼文中引用了古羅馬詩人賀拉斯(Quintus Horatius Flaccus)的一句詩文：

「一位終生昂然挺立而又純潔的人。」

這是對亞伯拉罕最高的評價了。

隨後，佛洛伊德寫信給瓊斯說：

「誇大一個人的死是我所不肯做的事，我盡力避免這樣做。但我認為，上述引文對亞伯拉罕來說是很切實的。」

亞伯拉罕去世後，艾廷根繼任國際精神分析學會會長，安娜擔任學會祕書。

這一年，佛洛伊德的病情又開始加重，而亞伯拉罕的去世也讓佛洛伊德感到了生命的不測，他擔心自己的生命也不會長久了，因此開始抓緊時間寫他的《自傳》(*S. FREUD*)。

在《自傳》中，佛洛伊德系統、概括了精神分析學的發生和發展的歷史，突出了精神分析理論體系的中心問題。因此，該書在學術上和理論上都具有重要的價值。

同一年，佛洛伊德還為法國的《猶太人評論》雜誌寫了一篇論文——《對精神分析學的抵制》，並發表了兩篇醫療方面的論文——《否定》(*Negation*)和《兩性在解剖學上的差異所產生的心理後果》；其中後一篇文章就是安娜在普

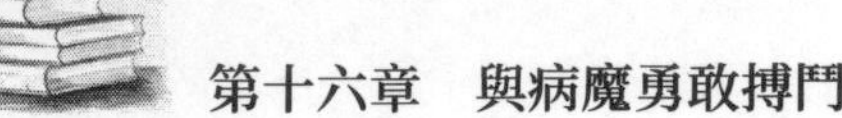

魯士大會上宣讀的論文。

(四)

從經過三次手術之後，佛洛伊德便不再去計算自己還要進行多少次手術和 X 光治療了，因為皮席勒教授還要給他切除腫瘤、植皮，並在隨後的幾個月中還將有更多的手術和植皮術等著佛洛伊德。

西元 1926 年，佛洛伊德 70 歲生日時，儘管他竭力避免慶祝活動，但前來祝賀的人還是很多，屋子裡擺滿了鮮花和來自世界各地的信件和電報，還有埃及和希臘的雕塑像禮品等。

儘管如此，病魔還是在無情發展著。而且由於精神上的憂慮和身體上的痛苦，佛洛伊德又出現了心臟病。為了避免在寫作時大腦不清醒，佛洛伊德拒絕服用阿司匹靈(Aspirin) 等藥物減輕病痛。每天早晨，他都堅持拖著病體外出散步，增強身體抵抗力。

由於癌細胞的不斷擴散，佛洛伊德口腔中的肉不斷被切除，加上 X 光的大量照射，自然會導致身體其他部位出現毛病。因此除了心臟病外，佛洛伊德還經常感冒發燒。

家人經過商量，決定為佛洛伊德請一位私人醫生來照顧他。後來，他們找到了一位名叫麥克斯 · 舒爾的醫生，負責對佛洛伊德進行日常的治療和護理。

舒爾比佛洛伊德小 41 歲，他給佛洛伊德一家帶來了很大的變化。每天，他會陪佛洛伊德去皮席勒那裡做檢查。他與佛洛伊德兩個人互相信任，最終發展成為忘年交。

從這時起，一直到西元 1939 年佛洛伊德去世為止，期間都是麥克森·舒爾負責佛洛伊德病情的治療和護理，這無疑對延長佛洛伊德的生命有重要的作用。

儘管病魔奪去了佛洛伊德很多的時間和精力，但他依然用堅毅的精神和不屈的毅力，寫下了許多新的著作。

西元 1927 年，社會危機籠罩著整個西方國家，經濟蕭條發展成為經濟危機，物價再次出現飛漲。這一切讓佛洛伊德陷入更加困難的境地。而且這一年，他的病情也在不斷惡化，身心都痛苦不堪，但他仍以驚人的毅力寫下了《幻象的未來》（*The Future of an Illusion*）、《論戀物》（*Fetishism*）等作品。

在《幻想的未來》這篇論文中，佛洛伊德認為，宗教本身是虛幻的，是人們的幻覺。佛洛伊德知道，這一觀點肯定會讓他再次受到攻擊。

同時，佛洛伊德在這篇論文中還主張，他並沒有增加什麼反對宗教的聲勢，而要表達的只是「在那些偉大的前人的批評基礎上，加了一些心理學的基礎」。

《幻想的未來》的觀念並不是新的，它受佛洛伊德 30 年來所發現的精神分析理論的支持。這篇論文所引起的反應也正如佛洛伊德預想的那樣。在紐約，猶太人牧師納桑·克里斯道出了一般人的觀念：

> 「我們習慣於聽一個人談所有的主題，只因為他在做了一些令人注意的事。因為愛迪生（Thomas Alva Edison）知道電學，於是人們就要聽他的神學意見；因為一個人在航空學上的成就，就有人要求他談宇宙萬物的事。同樣，大家都讚美佛洛伊德這位精神分析學家，但我們沒有理由也去尊敬他的宗教哲學！」

佛洛伊德以前的病人林拉夫很熱心將這篇評論寫信告訴佛洛伊德，佛洛伊德邀請林拉夫一聚。林拉夫後來對這次見面的情景寫道：

> 話剛進入主題，佛洛伊德就承認任何人的讚美都會給創作者快樂，但緊接著他就在我的熱心上潑了冷水。他說：「這是我最壞的一本書！它不是佛洛伊德的書。」你們絕對想像不到我當時的詫異，我當即否定他的說法。
>
> 但他仍繼續說：「那是一本老頭子寫的書。」那時我驚訝得差點昏倒！他一字一句地加強語氣說道：「此外，佛洛伊德現在已經死了！相信我，真正的佛洛伊德的確是個偉人。我特別為你感到難過，因為你過去

並不了解他！」

佛洛伊德的這種不穩定的情緒可能與他的身體狀況有關，因為他總是不斷有身體上的麻煩，而且需要不停進行治療。

1929 年七月分，佛洛伊德又帶著病痛完成了《文明及其不滿》（*Civilization and Its Discontents*）一書。9 月，他不得不到柏林繼續接受治療。在柏林，有女兒安娜照顧他，佛洛伊德還能盡情地享受與他的兩個兒子恩斯特和奧利弗家人共度的時光。

西元 1930 年 9 月，佛洛伊德的老母親安美妮去世了，讓他再次受到打擊。但同時，這一事件也成為佛洛伊德繼續抓緊時間奮力著述的新的動力。

這年的 10 月分，佛洛伊德又進行了一次手術。這次手術不久，他又不幸患上了支氣管肺炎。

就在佛洛伊德打算爭取一切時間，在有限的生命中為他所開創的事業進行最後的衝刺時，嚴峻的政治形勢令他的處境變得更加糟糕。

第十七章　遭受納粹的迫害

青年知識分子往往因禁慾而專注於其工作，而藝術家則需要性經驗的強烈刺激和激蕩才能有所創作。我的總體印象是：禁慾不可能造就強大、自負和勇於行動的人，更不能造就天才的思想家和大無畏的開拓者及改革者。

——佛洛伊德

(一)

西元1919年所建立起來的德意志共和國，隨著1933年希特勒(Adolf Hitler)的上臺而宣告結束。希特勒一上臺，便開始大肆推行種族主義，迫害猶太人，並將這種迫害殃及到精神分析學說及學者身上。

同時，希特勒還製造了「國會縱火案」，汙蔑德國共產黨，並利用「第二帝國萬歲」和「殺光全體猶太人」的口號籠絡了大批的德國人，對猶太人進行了殘酷無情的破壞：毀滅他們的家庭和事業，沒收他們的財產，對他們進行人身摧殘，然後送到收容所、集中營當中，最後再將其趕入毀滅營。

西元1933年5月，柏林當局宣布將佛洛伊德的著作列為禁書，並立即開始收繳、焚毀。消息傳來後，佛洛伊德非常氣憤。他悲憤地說：「時代終究進步了，倘若在中世紀，他們會把我也焚燒了！如今，他們卻只能滿足於焚燒我的書了！」

到了6月，納粹分子接管了柏林精神分析學機構，學會主席被迫辭職，榮格接替了這一職位。許多文學家、藝術家、科學家等都相繼離開了德國。愛因斯坦去了比利時；茨威格將妻兒送到巴基斯坦後，本人不久也去了那裡。

此外，精神學家們也都紛紛離開德國和奧地利，阿德勒去了美國；佛洛伊德的兩個兒子奧利弗、恩斯特也都來信說，他們也打算離開德國。

在這種情況下，許多人都勸說愛因斯坦離開奧地利，但佛洛伊德面對德國法西斯的迫害狂潮表現堅定。他繼續安然每天接納病人，在書桌上寫文章。這一時期，佛洛伊德將自己的研究重點放在文學藝術等方面。

很快，德國法西斯當局就沒收了國際精神分析學出版社的全部財產。由於馬丁·佛洛伊德的努力，出版社的工作一直維持到法西斯入侵到維也納的時候。

在德國，佛洛伊德的著作幾乎全部被法西斯燒毀了。柏林的精神分析學機構也完全由納粹分子所掌控。在這種形勢下，西元 1934 年的國際分析學第十三次大會只好在瑞士的盧塞恩召開，但佛洛伊德已經無法親臨參加了。

西元 1934 年 2 月，奧地利首相鎮壓了社會黨的政變，國家政權移至右派以後，佛洛伊德開始對他在奧地利的前途懷疑起來。

但是，如果此刻選擇離開奧地利，他就會被人認為是畏縮，是從戰鬥中撤退出來。佛洛伊德認為，只有在情況最為嚴重的時候，他才能走這一步。

此刻的佛洛伊德很不像一個已經接近 80 歲的癌症病人，他認為他一離開奧地利，就不能發揮最大的影響力了。

希特勒在被國會授予無限的權利之後，德國的精神分析師們就開始面臨著一個痛苦的問題了。接著，德國吞併了奧地利，占據了法國、荷蘭、比利時、盧森堡等，許多歐洲人也遭遇到同樣的問題 —— 是繼續留下來，以一種與敵人合作的態度，屈從於納粹統治之下，還是移居他國，離開「第三帝國」的控制比較好呢？這真是個叫人為難的問題！

這個時期，逃離德國的人漸漸增加，而佛洛伊德和他的女兒安娜（Anna Freud）以及在倫敦的瓊斯，開始為不再能夠在「第三帝國」執業的精神分析師們尋找新的工作職位。

（二）

佛洛伊德的病情還在加重，手術也在不斷進行。佛洛伊德的私人醫生舒爾不得不讓他的病人清楚知道，癌細胞的生長和發炎是由尼古丁（Nicotine）引起的。他說：「我多次勸他戒菸，可他總是聳聳肩，以他的手做出一種特有的姿勢，不理會我的建議……以後當他的心臟出現毛病時，他會一再遵守不抽菸的限制，但他從來不顧嘴裡的組織已經發展成為新的惡性腫瘤的危險。」

西元 1936 年，佛洛伊德迎來了他難忘的 80 歲壽辰。在家中，他舉行了隆重的生日慶祝宴會。在連續的 4 個星期中，他收到了許多來自世界各地的賀電和賀信。湯瑪斯 · 曼在心理醫學院協會上作了書面致辭，並親自去看望了佛洛伊德，當面向他宣讀了 200 多位世界著名學者簽名的致詞。

在維也納，心理學機構的教師研習會不知道該如何為佛洛伊德慶祝生日。最後，有人認為他會喜歡從山裡採摘來的野花。於是，一個職員去採摘了一大束黃色的櫻草花，並派一位 17 歲的女孩子去送給佛洛伊德。

出乎大家的預料，佛洛伊德邀請女孩子進去坐，還親自對她表示感謝，而且表示他非常感謝他們的盛情。

但佛洛伊德也很清楚，儘管他有許多的是榮譽，他仍然處於逆流之中。

這年年底，佛洛伊德必須再進行一次他稱之為「普通的」手術，但這次手術卻引起了不平常的劇痛，佛洛伊德不得不在床上痛苦躺了 12 天。

西元 1937 年初，儘管佛洛伊德再一次以極大的熱情投入到工作當中，病情卻還在繼續惡化。他不得不離開家到療養院去，並又在療養院裡進行了幾次手術。在這期間，他還是沒有放棄研究，並發表了《摩西與神教》（*Moses and Monotheism*）一書。這本書的第一、二部分分別發表在《伊瑪果》1937 年的第一和第四期上。第三部分由於佛洛伊德還感到有些猶豫，覺得需要斟酌，因此暫停研究。

西元 1938 年 1 月，佛洛伊德再一次接受了手術，剔除了癌組織。手術後的 10 天，他就恢復了門診與寫作。

3 月 11 日，奧地利首相被迫辭職，德國納粹黨進入了奧地利。佛洛伊德聽到這一消息後，便吩咐女傭去買來一份報紙。後來，他的兒子馬丁說：「爸爸輕輕從波拉手中接過報紙，看了每一個標題，然後用手把報紙揉成一團，扔在房間的一個角落裡。」

在佛洛伊德的日記上，他寫道：「奧地利完蛋了！」

3 月 12 日早晨，希特勒親自來到奧地利。顯然，他是基於一時的衝動，決定不再設立奧地利傀儡政府，而是將奧地利直接併入了德國的版圖。

人們再次勸說佛洛伊德離開奧地利，佛洛伊德仍然拒絕了。他認為，納粹不可能不尊重《凡爾賽合約》中有關少數民族的條款，而猶太人也屬於少數民族。

但幾天後的事實讓佛洛伊德震驚了。一個星期天的早晨，一夥全副武裝的納粹分子闖入了佛洛伊德的家中，聲稱「奉命沒收一切異己分子的錢財」。

瑪莎走進廚房，將一週的家用錢拿出來放在餐桌上，說：「先生們請自便吧！」

但是，納粹隊員並不甘休，這點錢怎麼夠他們分的呢？

安娜看出了他們怒氣衝天的用意，便打開了保險櫃。納粹隊員將保險櫃中的錢全部拿出來，還點了一下數目。

佛洛伊德聽到聲音後，從書房中走了出來。納粹隊員們看到他那逼人的目光後，轉身走了。

（三）

在德國軍隊入侵維也納幾天後，瓊斯也趕到了維也納。他先見到了安娜，安娜請瓊斯盡快交涉國際精神分析學出版社的財產處理問題。

然而，當瓊斯來到出版社後，看到佛洛伊德的大兒子馬丁已經被捕。

原來，當馬丁正在這裡整理帳目時，一夥納粹分子衝了進來，將馬丁抓了起來，還將錢財全部搶走，並揚言要燒光裡面所有的書籍。

瓊斯剛一進去，也被馬上抓了起來。瓊斯急忙聲明自己的國籍，並要求英國大使館出面交涉，如此才將那幫傢伙打發走，讓馬丁得以獲救。

瓊斯和馬丁從出版社出來後，馬上趕回佛洛伊德家中，再次力勸佛洛伊德離開奧地利。

但佛洛伊德依然倔強地說：「不，我的地方就是腳下！」

最後在眾人的一致勸說之下，佛洛伊德才勉強答應離開。

瓊斯立刻飛回倫敦，請求英國政府批准佛洛伊德入境定居，英國政府也表示同意。接著，瓊斯因擔心德國納粹

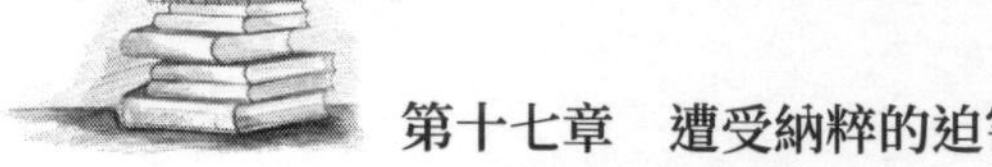

分子不許佛洛伊德處境，便會與美國大使布利特（William Christian Bullitt）聯繫，布利特答應會出面全力相助。

同時，由於布利特與當時的美國總統羅斯福（Franklin Delano Roosevelt）私人關係很好，他又請求羅斯福總統給予支持和干預。隨後，羅斯福透過國務院命令美國駐維也納臨時代辦威利先生（John Cooper Wiley）幫助佛洛伊德離開維也納。而布利特則在巴黎直接警告德國駐法大使，不許迫害佛洛伊德一家。

在這個期間，佛洛伊德一家也遭受到了威脅的困擾。

一天，一夥納粹分子又闖入佛洛伊德的家，要將安娜帶走。佛洛伊德厲聲吼道：「你們為什麼要帶走我的女兒？要帶她去哪裡？」

納粹分子答道：「到大都會飯店，有些問題要問她。」

聽說大都會飯店，瑪莎的臉色立即蒼白。她很清楚，大都會飯店就是蓋世太保的總部！維也納的猶太人被逮捕後都送到了那裡，許多人都被送到了集中營，遭受非人的折磨，甚至丟掉了性命。

這件事讓佛洛伊德深受震動：因為自己的不離開，可能會連累家人受罪，為什麼不能為孩子們想想呢？

幸好維也納臨時代辦威利的幫助，加上安娜本人的敏銳和機智，最終才逃出虎口，平安回到家中。

當佛洛伊德見到女兒安然無恙地回來後，激動地大聲說道：「感謝上帝，你平安回來就好！我們馬上收拾行李，明天就離開維也納！」

但這時，納粹分子已經封存了佛洛伊德的帳目，幸好美國駐法大使布利特和美國總統羅斯福為佛洛伊德的處境做了大量的工作。而且佛洛伊德曾給貝尼托·墨索里尼（Benito Mussolini）寄過一本親筆簽名的著作，這時墨索里尼也出面請希特勒讓佛洛伊德一家安全出境。

與此同時，希臘公主瑪麗·波拿巴（Princess Marie Bonaparte）也與法國和希臘政府交涉，以幫助佛洛伊德盡快出境。當納粹要求佛洛伊德繳納 4800 美元的稅款時，瑪麗·波拿巴馬上用自己的錢支付了這筆「訛詐款」。

西元 1938 年 5 月 5 日，瑪麗的妹妹米娜被允許離開維也納前往英國。一週後，佛洛伊德寫信給英國的兒子恩斯特說：「在這無比悲哀的時刻，有兩個希望支撐著我繼續前進：一是和你們重逢，二是可以自由死去。」

10 天後，佛洛伊德的大女兒瑪西黛與她的丈夫被獲准出境，而佛洛伊德還要再留一個星期。

最後，一切必需的文件都備齊後，佛洛伊德在釋放證上簽字。

在眾人的極力協助之下，一切障礙終於掃清了。西元

1938 年 6 月 4 日，佛洛伊德攜小女兒安娜和妻子瑪莎等家人離開了居住 79 年的維也納。

第十八章　流亡英國去世

你的眼睛疲倦了、累了，閉上你的眼睛……

—— 佛洛伊德

（一）

佛洛伊德離開維也納後，首先搭乘「遠東號列車」前往巴黎。當列車駛過萊茵河，佛洛伊德才舒了一口氣。他和妻子瑪麗及家人那寬慰的眼神表明：現在已經平安無事了。

到達巴黎後，兒子們已經從英國趕來迎接，瑪麗·波拿巴也乘坐一輛汽車在等候他們，布利特大使也在歡迎的人群當中。隨後瑪麗·波拿巴將佛洛伊德一行接到自己的住處，大家輕鬆愉快度過了一天。

瑪麗·波拿巴告訴佛洛伊德，他的存金已經全部被保護下來了。瑪麗·波拿巴把佛洛伊德的存金都轉到了希臘駐維也納的大使館，然後由大使館寄給希臘國王，再由國王轉運到希臘駐英國大使館，最後轉交給佛洛伊德。

當天晚上，佛洛伊德和家人離開巴黎，搭乘晚上的渡輪前往英國，第二天早晨在多佛平安上岸。

到達倫敦後，瓊斯已經安排好了，給予佛洛伊德及家人以外交人員的禮遇，因此他們在多佛和倫敦都沒有遭到行李檢查和其他的例行檢查。

瓊斯甚至成功地避開了許多新聞記者的注意，用自己的汽車接走了佛洛伊德夫婦，然後將他們送到事先為他們安排好的住所中。

佛洛伊德對這個新的住所感到很滿意。花園、櫻草色的大廳和舒適的臥室，都讓他感到清新。他來到這個新環境以後，彷彿忘記了自己已經是一位 82 歲的病人了。

對於一位已經 80 多歲、重病纏身的老人來說，這趟折騰真是讓佛洛伊德感到痛苦不堪。不過，到達英國後的幾個月裡，至少有一部分肉體上的痛苦被他在英國所受到的歡迎所抵消了。歡迎他的人，不僅是那些承認他的正式醫學界人士和猶太人團體，還包括一般人士。

西元 1938 年，瑪莎在寫信給仍在維也納的朋友說：

> 每天，我們都會收到許多歡迎他的來信。我們來這裡只有兩個星期，但即使信件不註明街道，只寫「倫敦，佛洛伊德」也照樣能夠收到。想想看，倫敦有 1,000 萬居民，這不是很奇怪嗎？幸好有安娜的幫忙，佛洛伊德才能應付得了這些如潮水般湧來的信件。在這些信件中，有些是佛洛伊德的朋友寫來的，另外一些則是陌生人，他們只是希望問候佛洛伊德，或者索取他的簽名。

西元 1938 年 6 月 23 日，佛洛伊德的住所來了一群特別令他高興的訪客。他們是英國皇家學會的祕書們，帶來學會的會員錄，請求佛洛伊德簽名。

佛洛伊德無法親自到學會的總部去，會員錄只能送到他的面前來，這種榮譽以往只有英國的國王才能享有。佛洛伊德十分高興，他寫信告訴茨威格說：

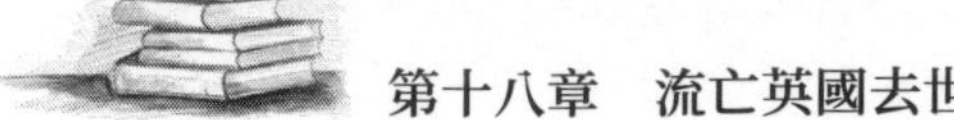

「他們留下了一冊複製本給我。如果你來了，我可以將牛頓和達爾文的簽名指給你看。」

在科學和文藝界，英國人類學家馬林諾夫斯基、生物化學家威斯曼、著名作家威爾斯和茨威格陪同西班牙畫家薩爾瓦多·達利前後來拜訪佛洛伊德。

但是，佛洛伊德並沒有忘懷自己的國家，他很想念維也納。他在寫信給艾廷根說：

> 獲得解放的勝利心情是和憂傷交錯在一起的，因為我始終熱愛著那所我剛被釋放的監獄。

每當想起維也納的時候，雖然他也可以回憶到許多發生在那裡的不愉快的往事，但同時也讓他又一次想起自己與父母、子女在那裡共度的天倫之樂，想起與同事們一起鑽研人類精神領域奧祕的情景。

可是現在，這一切都過去了！都是那可惡的法西斯！它不僅奪去了佛洛伊德及千千萬萬善良的人們家庭，也奪去他們的自由生活，奪去了他們的事業。

對法西斯的仇恨，又使佛洛伊德回到了現實。他懂得今後應該怎樣生活，他把希望寄託在下一代和無數新人身上。

（二）

西元 1938 年 7 月，休息了一個月左右，佛洛伊德又開始工作了。現在他所研究的問題是「歸納精神分析的教義，而且以最簡單的形式和最清晰的字句來敘述它們，它的用意是不強迫別人相信或引起盲從」。

此時，在英國和美國，精神分析就要被廣泛應用了，那是佛洛伊德沒有預料到的。其中的一個原因，就是幾個月以後即將爆發的第二次世界大戰。在這期間，多數交戰國家都開始聘用精神分析專家為他們自己的心理戰運動提出建議，同時也分析敵人的心理戰。

在這期間，佛洛伊德的學生恩斯特·克里斯（Ernst Kris）就準備在英國組織特別的政府機構，分析德國人的廣播，後來美國也這麼做了。

在第二次世界大戰一開始，使用精神分析專家來治療戰爭傷患的範圍，要比第一次世界大戰廣泛得多。

8 月 1 日，國際精神分析學第十五次大會在巴黎召開了。為了聽取佛洛伊德在會上對所爭論問題的意見，歐洲委員會的成員們都到佛洛伊德家中座談，並按照佛洛伊德的觀點平息了雙方的爭論。這次精神分析學大會，也是佛洛伊德生前參加的最後一次大會。

隨後，佛洛伊德開始安下心來寫《精神分析大綱》。他重複了各種基本的理論，以「自我」、「本我」和「超我」的結構來敘述，而且許多地方都暗示他有新的觀念需要詳細敘述。但遺憾的是，他永遠沒能實現這一願望。

西元 1938 年底，佛洛伊德搬到了位於馬斯非德花園的一幢寬敞的老宅中。這時，他的傢俱和私人用品以及從維也納運過來了。因此，佛洛伊德在維也納的書房在這裡又重新建立起來，安娜將父親書房的傢俱都放在與以前同樣的位置，把同樣的雕像和畫都放在桌子上，這讓佛洛伊德倍感親切。

佛洛伊德的病情還在惡化，來到倫敦後，他又接受了一次較大的手術。醫生確認，癌症已經擴散，手術的目的也只是盡力消除癌細胞，減輕病人的痛苦。這是佛洛伊德動的最後一次手術。

到 1938 年秋，佛洛伊德的精力已經所剩不多了，他需要經常休息，否則就會感到不適。他將自己的所有精力都花費在他最後一篇震撼人心的論文的寫作上，那就是《摩西與神教》——三篇論文和幾年前寫的序文。

西元 1939 年 3 月，《摩西與神教》分別在荷蘭和德國出版。通常認為，《摩西與神教》是佛洛伊德比較不成功的作品。首先在於，這本書被佛洛伊德寫了改、改了又寫，結構也多次變動；其次，年紀大了也是一大因素。瓊斯在私下曾向一個書評人表示：

「佛洛伊德在晚年時引述別人的話時特別挑剔，他只引用支持他的論點的話。這完全不像他早年時，會看完整篇文章後再斟酌。我覺得這種習慣與他精力所剩無幾有一定的關係。」

在寫完《摩西與神教》後，佛洛伊德堅持寫《精神分析大綱》一書。但由於病情急劇惡化，他不得不中斷此書的寫作，並且再也沒有繼續寫下去。

在西元 1938 年的中旬，醫生就在佛洛伊德的口腔深處又發現了另一個腫瘤。他的私人醫生舒爾寫道：

起先，它看起來像是另一個骨疽，但不久以後，這個組織被破壞的情形顯得異常嚴重。這時，醫生對佛洛伊德的病情發展程度產生了嚴重的分歧意見，他們不能確切控制它。西元 1939 年 2 月，巴黎居禮機構的拉卡沙內爾博士抵達倫敦，指導我們使用放射線治療，同時還進行了許多試驗。但結果令人嘆息，癌症很快又回來了，而且它的位置令我們無法再次進行手術。到了 1939 年 3 月，我們都知道，我們最大的希望只能是設法減輕他的痛苦了。

到這時，佛洛伊德的生命還剩大約 6 個月左右的時間，但他依然堅強面對命運，拒絕服用可以減輕疼痛的藥物。直至去世前的幾個星期，他還在為幾個病人進行精神分析。

1939 年 4 月，舒爾醫生必須離開英國，前往美國辦理移

民手續。這個時候，佛洛伊德已經不能照顧自己了。他寫信告訴希臘公主瑪麗·波拿巴說：「我真的很希望可以有辦法縮短這個殘酷的過程。」

（三）

1939 年 7 月，當舒爾醫生從美國回來後，發現佛洛伊德的身體更加衰弱了，以至於他已經難以進食了。更令人難過的是，他的精神也已變得木訥冷漠

進入 8 月分，佛洛伊德變得一蹶不振，朋友們都紛紛前來探望。8 月 12 日這天，準備前往美國的姪兒哈里向佛洛伊德告別，並說：「我回來過耶誕節時，再來探望您。」

佛洛伊德苦笑著說：「等你回來時，一定再也看不到我了！」

這個時候，無法進食的佛洛伊德還在繼續讀書，他閱讀的書是巴爾扎克的《驢皮記》。佛洛伊德說：「這本書正好適合於我，因為它所談的就是飢餓。」

9 月 19 日，瓊斯來探望佛洛伊德。他來到佛洛伊德的床前，輕聲呼喚著他的名字。佛洛伊德艱難睜開眼睛，伸出手，握住瓊斯的手，最後用莊重的手勢向瓊斯致意告別。

佛洛伊德的病情不斷惡化，下顎已經全部爛掉，他的吃喝和睡眠都變得更加困難，可謂痛苦不堪。

21 日早晨，舒爾醫生坐在佛洛伊德的床邊，佛洛伊德艱

難對舒爾醫生說：「我親愛的舒爾，你一定記得我們的第一次談話，那時候你曾答應我，如果我不能堅持活下去的話，你將盡力幫忙。現在對我來說只有折磨，其他的意義都沒有了。」

顯然，肉體的痛苦已經讓佛洛伊德無法忍受，他祈望自己可以安詳死去。舒爾理解佛洛伊德的心情，他緊緊握了握佛洛伊德的手，答應會採取措施減輕他的痛苦。

佛洛伊德很感激，接著又對舒爾說：「請把我們之間的談話內容告訴安娜。」

隨後，舒爾醫生將佛洛伊德的話轉告給安娜，在安娜在同意下，他給佛洛伊德注射了一支嗎啡，佛洛伊德沉沉睡去了。

第二天，西元 1939 年 9 月 23 日凌晨 3 時，佛洛伊德的心臟停止了跳動。終年 83 歲。

9 月 26 日，佛洛伊德的遺體在英國倫敦的哥爾德草地火葬場火化。無數的弔唁者前來參加了佛洛伊德遺體的火化儀式，瓊斯致了悼詞。同時，斯蒂凡·茨威格也在德國發表了悼文。

西元 1940 年，為了紀念佛洛伊德，《佛洛伊德全集》的第十八卷倫敦版開始出版發行。這一版本的《佛洛伊德全集》一直到 1952 年才完成出齊。

接著，自 1953 年起，由詹姆士·斯特拉奇等人主編的二十四卷本《佛洛伊德全集》（*The Standard Edition of the Complete Psychological Works of Sigmund Freud*）也陸續出版。這是佛洛伊德給全人類留下的唯一可貴的精神遺產。

佛洛伊德漫長的、充滿戰鬥的一生結束了。一個偉人雖然逝去了，但是，他的思想和精神遺產將永遠在全世界傳遞。

當我們現在再來回頭來看佛洛伊德這漫長一生時，會發現：雖然他也有過迷茫，有過彷徨，但他卻勇於探索，勇於堅持。所以說，他的一生是極富光輝和燦爛的一生。我們可以這樣說：佛洛伊德在人類精神文明史上劃上了濃重的一筆！

佛洛伊德生平大事年表

1856年5月6日 西格蒙德·佛洛伊德出生於摩拉維亞（現屬捷克的）的弗萊堡。

1859年 全家遷居萊比錫。

1860年 遷到維也納定居。

1865年 進入施帕爾中學學習。

1867年 因受《動物生命史》的影響，開始對自然科學產生興趣。

1873年 以優異的成績畢業於施帕爾中學。同年秋，考入維也納大學醫學院。

1875年 赴英國旅行，回維也納後立志攻讀醫學。

1877年 發表鰻魚生殖腺的形態與構造的論文。進入恩斯特·布呂克生理實驗室工作。

1878年 開始研究八目鰻幼魚苗的脊髓。

1879年 開始研究淡水蟹的神經系統。

1880年 受維也納大學歷史系教授岡柏的委託，把英國哲學家、經濟學家約翰·斯圖亞特·密爾的著作譯成德文。

1881年 獲得醫學學位。

1882年 與妹妹的朋友瑪莎·伯奈斯邂逅，訂婚。進維也納總醫院工作。

1883年 進入麥那特負責的精神病科工作。

1884年 進入神經科工作。發表有關古柯鹼的論文。

1885年 離開維也納總醫院。9月，被任命為維也納大學講師。10月，得到一筆獎學金後前往法國巴黎，師從法國神經學家沙爾柯。

年表

1886 年　自巴黎返國，途徑柏林，去巴金斯基的診所，了解兒童精神疾病方面的情況。4 月，在維也納開業行醫。5 月，向「醫學協會」彙報在沙爾柯教授那裡的所見所聞。同年秋，與瑪莎 · 伯奈斯結婚。

1887 年 結識柏林醫生弗里斯，結為好友。

1889 年　前往法國南錫，進一步了解催眠法。10 月，長女瑪西黛誕生。

1891 年 出版《論失語症》。2 月，次子奧列弗誕生。

1892 年 三子恩斯特誕生。

1893 年　次女蘇菲誕生。與布羅伊爾合作發表初論《歇斯底里症症狀的心理機制》。

1894 年 開始與布羅伊爾的觀點出現分歧。

1895 年　小女安娜誕生。與布羅伊爾合寫的《歇斯底里症的研究》出版。7 月 24 日，對自己的夢境作了首次分析。

1896 年 與布羅伊爾徹底決裂。10 月 13 日，父親雅各去世。

1897 年　開始對自己進行精神分析。確立幼兒性慾學說和「伊底帕斯情結」的觀點，並計劃寫一本有關釋夢的書。

1898 年 發表了有關幼兒性慾的理論。開始寫作《夢的解析》。

1900 年　《夢的解析》問世。

1902 年　被維也納大學特聘為教授。與阿爾弗雷德 · 阿德勒等 4 名青年創辦了「星期三學會」。

1904 年 出版《日常生活中的精神病學》。

1905 年　出版《詼諧及其與潛意識的關係》，《朵拉：歇斯底里案例分析的片斷 》和《性學三論》等。

1907 年 與榮格會面。

1909 年　應美國麻塞諸塞州伍斯特市克拉克大學校長霍爾的邀請，與榮格等前去參加該校 20 週年校慶活動，並作了精神分析學方面的系列演講。自此，精神分析學在美國開始產生影響。

1910 年　參加紐倫堡大會。發表《原始語言的對偶性意義》、《戀愛生活對心理的寄託》、《精神分析學論文集》、《愛情心理學之一；男人選擇對象的變態心理》、《李奧納多·達文西對幼兒期的回憶》等著作。

1913 年　《圖騰與禁忌》出版。

1914 年　發表《精神分析運動史》和《米開朗基羅的摩西》等作品。

1916 年　發表《對戰爭與死亡時期的思考》等論文。在維也納大學開講《精神分析引論》。

1917 年　《精神分析引論》出版。

1919 年　在維也納創辦「國際精神分析出版公司」。

1920 年　著《超越快樂原則》。

1923 年　上顎發現腫瘤，首次進行手術。發表了《自我與本我》，提出新的人格理論。

1925 年　開始撰寫《自傳》。

1926 年　奧地利官方在佛洛伊德 70 歲壽辰時，首次透過廣播介紹佛洛伊德的生平。

1927 年　出版《幻象的未來》、《論戀物》等作品。

1929 年　《文明及其不滿》出版。

1930 年　榮獲歌德文學獎，因健康等原因，由女兒安娜·佛洛伊德前往法蘭克福參加授獎儀式。

1932 年　著《精神分析引論新編》。

1933 年　希特勒掌權，佛洛伊德有關精神分析的書刊全部被禁。

1934 年　第十三屆國際精神分析學大會召開，佛洛伊德因病未能參加。開始撰寫《摩西與神教》。

1935 年　當選為英國皇家學會通訊會員。

1936 年　80 歲壽辰時，湯瑪斯 · 曼、羅曼 · 羅蘭、茨威格等世界名流紛紛向佛洛伊德贈送禮品。

1938 年　納粹入侵奧地利，「國際精神分析出版公司」財產被全部查封。6 月，在歐尼斯特 · 瓊斯等人幫助下克服重重障礙，離開維也納前往英國倫敦。9 月，接受最後一次手術治療。

1939 年　《摩西與神教》出版。正在執筆中的《精神分析大綱》未能完成，癌症復發，且已不能再進行手術。9 月 23 日，西格蒙德 · 佛洛伊德在倫敦去世，終年 83 歲。

電子書購買

國家圖書館出版品預行編目資料

精神分析之父佛洛伊德：自我和本我 × 性學三論 × 夢的解析，開創精神研究藍圖，挑戰學術底線，心理學界的革命者 / 許奕廷，王志豔著 . -- 第一版 . -- 臺北市：崧燁文化事業有限公司, 2022.10

面； 公分

POD 版

ISBN 978-626-332-802-0(平裝)

1.CST: 佛洛伊德 (Freud, Sigmund, 1856-1939) 2.CST: 傳記 3.CST: 學術思想 4.CST: 精神分析學

784.38 111015432

精神分析之父佛洛伊德：自我和本我 × 性學三論 × 夢的解析，開創精神研究藍圖，挑戰學術底線，心理學界的革命者

臉書

作　　者：許奕廷，王志豔
編　　輯：孫萍妙
發 行 人：黃振庭
出 版 者：崧燁文化事業有限公司
發 行 者：崧燁文化事業有限公司
E-mail：sonbookservice@gmail.com
粉 絲 頁：https://www.facebook.com/sonbookss/
網　　址：https://sonbook.net/
地　　址：台北市中正區重慶南路一段六十一號八樓 815 室
Rm. 815, 8F., No.61, Sec. 1, Chongqing S. Rd., Zhongzheng Dist., Taipei City 100, Taiwan
電　　話：(02) 2370-3310　　傳　　真：(02) 2388-1990
印　　刷：京峯彩色印刷有限公司（京峰數位）
律師顧問：廣華律師事務所 張珮琦律師

定　　價：299 元

發行日期：2022 年 10 月第一版

◎本書以 POD 印製